HEDENDAAGSE SUSHI MEESTERSCHAP HANDBOEK

100 recepten om u te begeleiden in de kunst van hedendaagse sushi

Laura Magnusson

Auteursrechtmateriaal ©2023

Alle rechten voorbehouden

Geen enkel deel van dit boek mag in welke vorm of op welke manier dan ook worden gebruikt of overgedragen zonder de juiste schriftelijke toestemming van de uitgever en eigenaar van het auteursrecht, met uitzondering van korte citaten die in een recensie worden gebruikt. Dit boek mag niet worden beschouwd als vervanging voor medisch, juridisch of ander professioneel advies.

INHOUDSOPGAVE _

INVOERING 6
NIEUWE LEEFTIJDSUSHI 7
    1. Gevulde Kiwi- sushi 8
    2. Key Lime Dessertsushi 10
    3. Kaas, Tater Tots en Bacon Sushi 13
    4. Chocolade Tiramisu Sushi 15
    5. Gevuld Kalkoenbroodje met Aardappelwasabi 18
    6. Bananensushi 21
    7. Frushi met Kokosrijst 23
    8. Ramen-sushi 26
    9. Prosciutto met Cantaloupe Sushi 29
    10. Halloween Panda-sushi 31
    11. PB&J Sandwichsushi 34
    12. Hotdog-sushi 36
    13. Bacon-sushi 39
    14. Wafel Ontbijt Sushi 41
    15. Eenhoorn Sushi Donuts 43
    16. Gevulde komkommer-sushibroodjes 46
    17. Kaas hamburger-sushi 48
    18. Banaan Nutella Dessertsushi 50
    19. Bananen-pistachesushi 52
    20. Sushi-snoepjes 54
    21. Chocolade bananenrol 56
    22. Karamel Appelsushi 58
    23. Matcha Groene Thee Crêpe Sushi 60
    24. Bosbes Bliss Mochi-sushi 62
    25. Citroen Bosbessen Sushibroodjes 64
    26. Fruitpannenkoeksushi met kwark 66
    27. Sushi met paranoten 69

EXOTISCHE SUSHIBROODJES 71
    28. Wagyu-rundvleessushibroodjes 72
    29. Uni en Tobiko sushirollenen 74
    30. Hamagari- schelpdierensushi 77
    31. Sushibroodjes van kreeft 79
    32. Daikon-radijs en omeletsushi 81
    33. Sushibroodjes met gerookte zalm en roomkaas 84
    34. Sushibroodjes met tonijn en mango 86
    35. Pittige shiitake-paddenstoelenrol 88
    36. Avocado Komkommer Sushibroodje 90

37. Pittige Sint-jakobsschelpsushibroodjes 92
38. Sushibroodjes met krab en avocado 94
39. Geglazuurde Aubergine Sushi 96
40. Sushibroodjes met paling en komkommer 98
41. Krokante enoki-champignonrol 100
42. Sushibroodjes met kaviaar en roomkaas 103
43. Tonijn Tartaar Sushi Rollenen 105
44. Softshell krabsushibroodjes 107
45. Sint-jakobsschelp en Tobiko-sushibroodjes 109
46. Toro en kaviaarsushi 111
47. Sushi met kreeft en truffelolie 113
48. Foie Gras en Vijgensushi 115
49. Uni en Wagyu-rundvleessushi 117
50. Radijs en Garnalen Sushi Nigiri 119
51. Koningskrab en avocadosushi 121
52. Sushi van zeebaars en truffel 123
53. Sushi met eend en hoisinsaus 125
54. Vette Zalm en Avocado Sushi 127
55. Paling en avocadosushi 129
56. Sushi van kreeft en kaviaar 131
57. Zwarte rijstsushirol met tofu en groenten 133
58. Sushibroodje met gegrilde paling en avocado 135
59. Radijs en Groentensushibroodje 137
60. Tonijn en sojabonensushi 139
61. Wortellox en avocadosushi 142
62. Bruine rijst groenterol 144
63. Sushibroodje met Quinoa en Avocado 146
64. Radijs en Komkommer Sushi Rollen 148

SUSHI-KOMMEN 150

65. Dynamiet Sint-Jakobsschelp Sushi Schaal 151
66. Sushikom met ham en perzik 153
67. Oranje Sushibekers 155
68. Roerbak Sushi Schaal 157
69. Sushikom met ei, kaas en groene bonen 159
70. Perzik Sushi Schaal 161
71. Ratatouille Sushikom 163
72. Krokant gebakken tofu sushi schaal 165
73. Avocado-sushikom 168
74. Rijstkom met zeewier 170
75. Pittige Kreeft Sushi Schaal 172
76. Sushi Schaal met gegrilde korte ribben 174
77. Sushikom met verse zalm en avocado 176

GEPERST, GUNKAN EN NIGIRI SUSHI 178

78. Granaatappel & Donkere Chocolade Nigiri 179

79. Avocado en Granaatappel Nigiri 181
80. Shiitake Nigiri 183
81. Aardbeienkwarktaart Nigiri 185
82. Gerookte Tofu Nigiri 187
83. Radijs en Tonijn Sushi Nigiri 189

SUSHI HANDROLLENEN/TEMAKI 191

84. Mango Kleefrijst Maki 192
85. Plantaardige Tempura Handrollenetjes 194
86. Handrollenetjes met spek 196
87. Pindakaas & Banaan Temaki 198
88. Handrollenetjes boerenkoolchips 200
89. Kimchee en tomatenhandrollenetjes 202
90. Kokos Mango Temaki 204

SASHIMI 206

91. Meloen Sashimi 207
92. Heirloom-tomatensashimi 209
93. Carpaccio van Sint-Jacobsschelpen 211
94. Zoete garnalensashimi 213
95. Heilbot met citroen en matchazout 215
96. Tataki-schotel met rundvlees 217
97. Tonijnsashimi met Jalapeno Grens 220
98. Tartaar van tonijn en avocado 222
99. Sashimi van avocado en mangozalm 224
100. Truffel Geelstaart Sashimi 226

CONCLUSIE 228

INVOERING

Groeten, culinaire avonturiers en sushi-liefhebbers! Welkom in de boeiende wereld van het 'Hedendaags Sushi Meesterschap Handboek'. In de steeds evoluerende wereld van de gastronomie, waar innovatie danst met traditie, is dit handboek jouw toegangspoort tot een boeiende reis naar het hart van het hedendaagse sushi-maken. Terwijl we aan deze culinaire odyssee beginnen, stel je een keuken voor die leeft met de ritmische geluiden van het hakken, de delicate kunst van het rollenen en de aromatische symfonie van verse ingrediënten.

Sushi, met zijn wortels diep verankerd in de Japanse traditie, heeft in de 21e eeuw een opmerkelijke metamorfose ondergaan. Het "Hedendaags Sushi Meesterschap Handboek" is meer dan een gids; het is een verkenning van een culinaire renaissance, waar klassieke technieken de avant-garde ontmoeten, en elk recept een penseelstreek is op het canvas van de hedendaagse sushi-kunst.

Stel je een sushi-ervaring voor die verder gaat dan het gewone, waarbij bekende smaken zijn doordrenkt met hedendaagse wendingen, en elk broodje een verhaal vertelt over creativiteit en innovatie. Dit handboek is uw metgezel op deze gastronomische reis en belooft niet alleen recepten, maar ook een uitgebreid begrip van de technieken, ingrediënten en artistieke principes die het hedendaagse sushi-meesterschap definiëren.

Of je nu een doorgewinterde sushichef bent die op zoek is naar nieuwe inspiratie of een thuiskok die graag aan een sushi-avontuur wil beginnen, dit handboek is gemaakt om je kracht bij te zetten. Laten we samen duiken in de diepten van het hedendaagse sushi-maken - een reis waarin traditie en hedendaagsiteit samenvloeien om een culinair tapijt te creëren dat zowel tijdloos als geavanceerd is.

Moge uw keuken een oase van experiment worden, mag uw sushi een bewijs zijn van uw creatieve geest en mag elke hap een viering zijn van de dynamische en steeds evoluerende wereld van hedendaagse sushi. Ga met me mee terwijl we rollenen, snijden en genieten van de boeiende kunst van "Hedendaags Sushi Meesterschap"!

NIEUWE LEEFTIJDSUSHI

1.Gevulde Kiwi- sushi

INGREDIËNTEN:
- 4 grote kiwi's
- 4 plakjes gekookte kip of kalkoen
- ½ avocado, in dunne plakjes gesneden
- ¼ kopje geraspte wortel
- 2 eetlepels roomkaas
- Sojasaus of tamari (om te dippen, optioneel)

INSTRUCTIES:
a) Begin met het schillen van de kiwi's en snij ze in de lengte doormidden. Schep uit elke kiwihelft een klein deel van het vruchtvlees, zodat er een holle ruimte ontstaat voor de vulling. Zorg ervoor dat je niet te veel uitschept, want je wilt dat de kiwi zijn vorm behoudt.
b) Leg een plakje gekookte kip of kalkoen plat op een schoon oppervlak. Verdeel een dun laagje roomkaas over de plak.
c) Leg een paar plakjes avocado en een beetje geraspte wortel op de roomkaas, vlakbij het ene uiteinde van het stuk kip of kalkoen.
d) Neem een van de uitgeholde kiwihelften en plaats deze op de vulling. Druk voorzichtig naar beneden om de ingrediënten vast te zetten.
e) Rol het plakje kip of kalkoen voorzichtig rond de gevulde kiwihelft, zodat er een strakke rol ontstaat. Herhaal het proces met de resterende kiwihelften en vullingen.
f) Zodra je alle gevulde kiwi-sushibroodjes hebt gerold, gebruik je een scherp mes om ze in hapklare stukjes te snijden. Indien nodig kunt u de rollenen vastzetten met tandenstokers.
g) Serveer de gevulde Kiwi "Sushi"-broodjes op een schaal of bord. Indien gewenst kunt u ze in sushi-stijl presenteren.
h) Indien gewenst, serveer met een beetje sojasaus of tamari om te dippen.

2.Key Lime Dessertsushi

INGREDIËNTEN:
TAART
- 2/3 kop Gold Medal™ ongebleekte bloem voor alle doeleinden
- 1 theelepel bakpoeder
- 1/4 theelepel zout
- 1/2 kopje kristalsuiker
- 3 eieren plus 2 eiwitten
- 1 theelepel puur vanille-extract
- 2 eetlepels poedersuiker, voor het verpakken van de cake

VULLING
- 1 kopje kristalsuiker
- 3 eetlepels Gold Medal™ ongebleekt bloem voor alle doeleinden
- 1 ei, lichtgeklopt
- 3/4 kopje water
- 1/4 kop limoensap
- Slagroom, ter garnering
- 1 limoen, in plakjes gesneden, voor garnering

INSTRUCTIES:

a) Verwarm de oven voor op 375 ° F. Bekleed een bakplaat van 17 bij 11 inch met een siliconenmat OF bedek deze met kookspray en bekleed deze met bakpapier. Smeer de mat of het papier in met meer kookspray en zet opzij.

b) Meng in een kleine kom de bloem, bakpoeder en zout.

c) Klop in een middelgrote kom of kom van een staande mixer de suiker, de eieren en het eiwit op hoge snelheid in ongeveer 5 minuten bleek en luchtig. Roer vanille erdoor.

d) Voeg het bloemmengsel in twee batches toe, roer tussendoor, tot het volledig is opgenomen.

e) Giet het beslag in de voorbereide bakplaat en verdeel het gelijkmatig met een spatel. Bak ongeveer 10 minuten of tot de cake terugveert als hij lichtjes wordt aangeraakt.

f) Terwijl de cake bakt, bestuif je een grote theedoek met de poedersuiker. Haal de cake uit de oven en keer hem voorzichtig om op een voorbereide theedoek. Verwijder het siliconenmatje of bakpapier en snijd de cake met een scherp mes in de lengte doormidden. Rol de taarten voorzichtig vanaf de lange kant in de theedoek en leg de handdoek met de naad naar beneden op een aanrechtblad om 30 minuten tot een uur af te koelen.

g) Maak ondertussen de vulling: Meng in een kleine pan suiker, bloem, ei, water en limoensap. Kook en roer op middelhoog vuur tot het mengsel aan de kook komt; roer gedurende 1 minuut tot het dik is. Haal van het vuur; zeef door een zeef in een aparte kom en laat afkoelen tot kamertemperatuur.

h) Wanneer de taarten zijn afgekoeld, rol je ze uit de handdoek en plaats je elke taart op een groot vel plasticfolie. Verdeel de helft van de vulling over elke cake (je hoeft misschien niet alle vulling te gebruiken – dit is geen probleem) en rol stevig op. Bedek beide cakes met plasticfolie en zet ze 4 uur of een nacht in de koelkast om op te stijven.

i) Haal de ingestelde taarten uit de koelkast en uit plasticfolie. Snijd elke cake met een gekarteld mes in stukjes van 2,5 cm, zoals sushi (ongeveer 12 plakjes per cake). Draai met de snijzijde naar beneden en bestrijk met een klodder slagroom en een schijfje limoen. Serveer indien gewenst met warme chocoladesaus om te dippen.

3.Kaas, Tater Tots en Bacon Sushi

INGREDIËNTEN:
BACONGEWEVEN:
- 1 pond spek

TATER TOT VULLING:
- Tater-tots (voorgekookt volgens de instructies op de verpakking)

SUSHI-MONTAGE:
- Bacon geweven
- Gekookte aardappelkoekjes
- Roerei
- Gesneden jalapeño's
- Geraspte kaas (cheddar of een ander soort kaas naar keuze)

INSTRUCTIES:
BACONGEWEVEN:
a) Verwarm uw oven voor op 190°C.
b) Maak een spekweefsel door reepjes spek horizontaal en verticaal uit te leggen, afwisselend in een vierkant patroon.
c) Leg het spekweefsel op een bakplaat bekleed met bakpapier.
d) Bak in de voorverwarmde oven gedurende ongeveer 15-20 minuten of tot het spek gaar maar nog steeds flexibel is. Houd het in de gaten om overkoken te voorkomen.

TATER TOT VULLING:
e) Kook de aardappelkoekjes volgens de instructies op de verpakking tot ze goudbruin en knapperig zijn.

SUSHI-MONTAGE:
f) Leg het spekweefsel op een vlakke ondergrond.
g) Leg een laag roerei over het spekweefsel.
h) Voeg een lijn gekookte aardappelkoekjes toe langs het midden van de eieren.
i) Strooi geraspte kaas over de aardappelkoekjes.
j) Leg de gesneden jalapeños op de kaas.
k) Rol het spekweefsel voorzichtig op, zodat er een sushirol ontstaat. U kunt een bamboe sushi-rolmat gebruiken om u hierbij te helpen.
l) Zet de rol indien nodig vast met tandenstokers.
m) Snijd de bacon-sushirol in afzonderlijke stukken.
n) Serveer je bacon weave sushi met je favoriete dipsaus, zoals pittige mayonaise of een pittige barbecuesaus.

4.Chocolade Tiramisu Sushi

INGREDIËNTEN:
CHOCOLADE CREPE "NORI" (ZEEWIER):
- 1 kopje bloem voor alle doeleinden
- 2 eetlepels cacaopoeder
- 2 eetlepels suiker
- Snufje zout
- 1 1/2 kopjes melk
- 2 grote eieren
- 2 eetlepels gesmolten boter
- Extra boter voor het koken

TIRAMISU-VULLING:
- 1 kopje mascarpone-kaas
- 1/2 kop poedersuiker
- 1 theelepel vanille-extract
- 1 kopje zware room, opgeklopt
- 1/2 kop sterke gezette koffie, gekoeld
- 2 eetlepels koffielikeur (optioneel)
- Cacaopoeder om te bestuiven

SUSHI-MONTAGE:
- Chocolade pannenkoeken
- Tiramisu-vulling
- Cacaopoeder om te bestuiven

INSTRUCTIES:
CHOCOLADE CREPE "NORI" (ZEEWIER):
a) Meng bloem, cacaopoeder, suiker, zout, melk, eieren en gesmolten boter in een blender. Mixen tot een gladde substantie.
b) Verhit een koekenpan met antiaanbaklaag op middelhoog vuur en voeg een kleine hoeveelheid boter toe.
c) Giet een dunne laag beslag in de pan, al roerend zodat de bodem gelijkmatig bedekt is.
d) Bak de crêpe ongeveer 1-2 minuten aan elke kant, tot hij stevig is. Herhaal dit tot al het beslag op is.

TIRAMISU-VULLING:
e) Klop in een kom mascarponekaas, poedersuiker en vanille-extract tot een gladde massa.
f) Spatel voorzichtig de slagroom erdoor tot alles goed gemengd is.
g) Meng de gezette koffie en de koffielikeur in een ondiepe schaal.
h) Dompel elke chocoladecrêpe kort in het koffiemengsel, zorg ervoor dat deze bedekt is maar niet te doorweekt.

SUSHI-MONTAGE:
i) Leg een chocoladecrêpe op een vlakke ondergrond.
j) Verdeel een royale laag tiramisuvulling over de crêpe.
k) Rol de crêpe voorzichtig uit tot een blok- of cilindervorm, die lijkt op een sushirol.
l) Herhaal het proces met de resterende pannenkoeken en vulling.
m) Zet de opgerolde tiramisusushi minimaal 1-2 uur in de koelkast om op te stijven.
n) Portie:
o) Eenmaal gekoeld snijd je de tiramisusushi in hapklare stukjes.
p) Bestuif de bovenkant van elk plakje met cacaopoeder voor een finishing touch.
q) Serveer op een bord en geniet van je Chocolade Tiramisu Sushi!

5.Gevuld Kalkoenbroodje met Aardappelwasabi

INGREDIËNTEN:
VOOR DE KALKOENROL:
- 1 kalkoenfilet zonder been
- Zout en peper naar smaak
- Vulling naar keuze (u kunt een traditionele broodvulling gebruiken of een andere variant die u verkiest)
- Cranberrysaus (zelfgemaakt of in de winkel gekocht)

VOOR DE AARDAPPELPOORT WASABI:
- 4 grote aardappelen, geschild en in blokjes
- 1/4 kopje ongezouten boter
- 1/2 kopje melk
- Zout en peper naar smaak
- 2 eetlepels wasabipasta (naar smaak aanpassen)

INSTRUCTIES:
VOOR DE KALKOENROL:
a) Verwarm uw oven voor op 190°C.
b) Leg de kalkoenborst zonder botten op een schoon oppervlak. Breng op smaak met zout en peper.
c) Verdeel de vulling gelijkmatig over de kalkoenfilet.
d) Voeg een laagje cranberrysaus toe bovenop de vulling.
e) Rol de kalkoenfilet voorzichtig in een blok en zorg ervoor dat de vulling en de cranberrysaus goed ingesloten zijn.
f) Zet de rol vast met keukentouw.
g) Leg de kalkoenrol op een bakplaat bekleed met bakpapier.
h) Rooster in de voorverwarmde oven gedurende ongeveer 25-30 minuten per pond, of totdat de interne temperatuur 74°C (165°F) bereikt.
i) Laat de kalkoenrol een paar minuten rusten voordat u hem aansnijdt.

VOOR DE AARDAPPELPOORT WASABI:
j) Kook de geschilde en in blokjes gesneden aardappelen gaar.
k) Giet de aardappelen af en pureer ze met boter en melk tot een gladde massa.
l) Roer de wasabipasta erdoor en pas de hoeveelheid aan naar het gewenste pittigheidsniveau.
m) Breng de aardappelpuree op smaak met zout en peper.

IN ELKAAR ZETTEN:
n) Snijd de kalkoenrol in rondjes.
o) Serveer elk plakje op een bedje van aardappelpuree wasabi "groene stront".

6.Bananensushi

INGREDIËNTEN:
- 2 grote bananen
- 2-4 volkoren tortilla's of nori-vellen (zeewiervellen)
- 2-4 eetlepels amandelboter of pindakaas
- Honing- of agavesiroop (optioneel, om te besprenkelen)
- **TOPPINGS:** chiazaad, geraspte kokosnoot, muesli, gehakte noten of pure chocoladestukjes (kies je favorieten)

INSTRUCTIES:
a) Schil de bananen en zet ze opzij.
b) Als u tortilla's gebruikt, verwarm ze dan een beetje, zodat ze soepeler worden.
c) Als u nori-vellen gebruikt, kunt u deze gebruiken zoals ze zijn.
d) Leg de tortilla's of nori-vellen op een vlakke ondergrond.
e) Smeer een dun laagje amandelboter of pindakaas over het gehele oppervlak.
f) Plaats een gepelde banaan aan de rand van het tortilla- of norivel.
g) Rol het tortilla- of norivel voorzichtig om de banaan totdat het een strakke rol vormt. Als je tortilla's gebruikt, moet je de rand mogelijk vastzetten met een beetje extra notenboter.
h) Gebruik een scherp mes om de met bananen gevulde tortilla of norirol in hapklare stukjes te snijden, die op sushirollenen lijken.
i) Strooi je favoriete toppings over de bananensushibroodjes. Dit kan bijvoorbeeld chiazaden, geraspte kokosnoot, muesli, gehakte noten of stukjes pure chocolade zijn.
j) Voor een vleugje zoetheid sprenkel je honing of agavesiroop erover.
k) Schik je bananensushi op een bord en serveer onmiddellijk.

7.Frushi met Kokosrijst

INGREDIËNTEN:
VOOR KOKOSNOOTRIJST:
- 1 kop sushirijst
- 1 1/4 kopjes kokosmelk
- 2 eetlepels suiker
- 1/2 theelepel zout
- 2 eetlepels rijstazijn

VOOR FRUSHI:
- Nori (zeewier)vellen, in dunne reepjes gesneden (optioneel voor een decoratief tintje)
- Aardbeien, gepeld en in plakjes gesneden
- Kiwi, geschild en in plakjes gesneden
- Mandarijnen, geschild en in partjes
- Honing- of agavesiroop (om te besprenkelen, optioneel)
- Sesamzaad (voor garnering, optioneel)

INSTRUCTIES:
VOOR KOKOSNOOTRIJST:
a) Spoel de sushirijst onder koud water tot het water helder blijft.
b) Meng de sushirijst, kokosmelk, suiker en zout in een rijstkoker of op het fornuis. Kook volgens de instructies van de rijstkoker of kookplaat.
c) Zodra de rijst gaar is, laat je hem iets afkoelen.
d) Spatel voorzichtig de rijstazijn door de gekookte rijst.

FRUSHI MONTEREN:
e) Leg een bamboe sushi-rolmatje neer en leg er een vel plasticfolie op.
f) Plaats een noristrook op de plasticfolie, indien gebruikt.
g) Maak je handen een beetje nat om plakken te voorkomen en neem een klein handje kokosrijst. Verdeel het gelijkmatig over de noristrook en laat bovenaan een klein randje vrij.
h) Schik plakjes aardbeien, kiwi en mandarijnpartjes langs de onderkant van de rijst.
i) Rol de Frushi voorzichtig op en gebruik de bamboemat als richtlijn. Eventueel de rand afdichten met een beetje water.
j) Herhaal het proces met de overige ingrediënten.
k) Eenmaal gerold gebruik je een scherp mes om de Frushi-rol in hapklare stukjes te snijden.
l) Schik de Frushi-stukjes op een serveerschaal.
m) Optioneel: Besprenkel met honing of agavesiroop voor een zoete smaak en strooi er sesamzaadjes overheen ter garnering.

8.Ramen-sushi

INGREDIËNTEN:
VOOR DE RAMEN:
- 2 pakjes instant ramennoedels (gooi de kruidenzakjes weg)
- Water om te koken
- 1 eetlepel plantaardige olie

VOOR DE SUSHIRIJST:
- 2 kopjes sushirijst
- 1/3 kopje rijstazijn
- 2 eetlepels suiker
- 1 theelepel zout

VOOR DE VULLING:
- Dun gesneden groenten (wortels, komkommer, avocado, paprika, enz.)
- Gekookt en gesneden eiwit naar keuze (gegrilde kip, garnalen of tofu)

VOOR MONTAGE:
- Nori (zeewier)vellen
- Sojasaus om te dippen
- Ingelegde gember en wasabi voor erbij (optioneel)

INSTRUCTIES:
VOOR DE RAMEN:
a) Kook de instant ramennoedels volgens de instructies op de verpakking. Giet af en meng met een eetlepel plantaardige olie om plakken te voorkomen. Laat het afkoelen.

VOOR DE SUSHIRIJST:
b) Spoel sushirijst onder koud water tot het water helder blijft.
c) Kook de rijst volgens de instructies op de verpakking.
d) Verhit rijstazijn, suiker en zout in een kleine pan op laag vuur tot de suiker en het zout zijn opgelost. Laat het afkoelen.
e) Zodra de rijst gaar is, doe je hem in een grote kom. Voeg geleidelijk het azijnmengsel toe en roer het voorzichtig door de rijst. Laat de rijst afkoelen tot kamertemperatuur.

VOOR MONTAGE:
f) Leg een stuk plasticfolie op een bamboe sushi-rolmatje. Leg een vel nori met de glanzende kant naar beneden op de plasticfolie.
g) Maak je handen nat om plakken te voorkomen en verdeel een dunne laag sushirijst gelijkmatig over de nori, waarbij je een klein randje aan de bovenkant laat.
h) Plaats een kleine hoeveelheid gekookte ramennoedels langs de onderkant van de rijst.
i) Voeg naar keuze dun gesneden groenten en eiwitten toe bovenop de noedels.
j) Rol de sushi voorzichtig op met behulp van de bamboemat en oefen lichte druk uit om hem tot een cilinder te vormen.
k) Dicht de rand af met een beetje water.
l) Herhaal het proces met de overige ingrediënten.
m) Eenmaal gerold gebruik je een scherp mes om de ramensushirol in hapklare stukjes te snijden.
n) Serveer de ramensushi met sojasaus om te dippen en eventueel ingelegde gember en wasabi apart.

9.Prosciutto met Cantaloupe Sushi

INGREDIËNTEN:
- Dun gesneden prosciutto
- Rijpe meloen, geschild, gezaaid en in kleine blokjes gesneden
- Verse basilicumblaadjes
- Balsamicoglazuur (optioneel, om te besprenkelen)
- Tandenstokers of kleine spiesjes

INSTRUCTIES:
a) Neem een plakje prosciutto en leg het plat op een schoon oppervlak.
b) Plaats een klein blokje meloen aan het ene uiteinde van het plakje prosciutto.
c) Leg een vers basilicumblad op de meloen.
d) Rol de prosciutto strak om de meloen en de basilicum heen, zodat een klein sushi-achtig rollenetje ontstaat.
e) Zet de rol vast met een tandenstoker of een kleine spies.
f) Herhaal het proces met de resterende plakjes prosciutto, meloenblokjes en basilicumblaadjes.
g) Optioneel: Besprenkel de in prosciutto gewikkelde meloenbroodjes met balsamicoglazuur voor extra smaak.
h) Schik de prosciutto met meloensushibroodjes op een serveerschaal.
i) Serveer onmiddellijk en geniet van dit heerlijke en elegante voorgerecht!

10. Halloween Panda-sushi

INGREDIËNTEN:
VOOR DE SUSHIRIJST:
- 2 kopjes sushirijst
- 1/3 kopje rijstazijn
- 2 eetlepels suiker
- 1 theelepel zout

VOOR DE VULLING:
- Gekookte en gekruide krab of imitatiekrab (voor het lichaam)
- Avocadoschijfjes (voor de ogen en oren)
- Nori (zeewier)vellen
- Sojasaus en wasabi om erbij te serveren

INSTRUCTIES:
VOOR DE SUSHIRIJST:
a) Spoel sushirijst onder koud water tot het water helder blijft.
b) Kook de rijst volgens de instructies op de verpakking.
c) Verhit rijstazijn, suiker en zout in een kleine pan op laag vuur tot de suiker en het zout zijn opgelost. Laat het afkoelen.
d) Zodra de rijst gaar is, doe je hem in een grote kom. Voeg geleidelijk het azijnmengsel toe en roer het voorzichtig door de rijst. Laat de rijst afkoelen tot kamertemperatuur.

VOOR DE PANDASUSHI:
e) Neem een portie sushirijst en vorm deze tot een ovale of ronde rechthoek voor het lichaam van de panda.
f) Knip nori-vellen in kleine cirkels voor de ogen en kleinere cirkels voor de oren.
g) Plaats de nori-cirkels op de rijst om de ogen te creëren.
h) Plaats avocadoplakken boven de ogen om de oren van de panda te creëren.
i) Knip extra noristroken af om de gelaatstrekken (neus en mond) te creëren en plaats deze op de rijst.
j) Knip dunne reepjes nori die je om het lichaam wikkelt, zodat je de armen en benen van de panda krijgt.
k) Voor een feestelijk Halloween-gevoel gebruik je kleine stukjes nori om een griezelige uitdrukking op het gezicht van de panda te creëren.
l) Gebruik eventueel gekookte en gekruide krab of imitatiekrab om een vulling voor het lijf van de panda te maken.
m) Herhaal het proces om meerdere panda-sushi te maken.
n) Serveer de panda sushi met sojasaus en wasabi om te dippen.

11. PB&J Sandwichsushi

INGREDIËNTEN:
- 2 sneetjes brood (wit, tarwe of naar keuze)
- Pindakaas
- Gelei of jam naar keuze (druif, aardbei, enz.)
- Optioneel: gesneden bananen of aardbeien voor extra smaak en textuur

INSTRUCTIES:
a) Snijd de korstjes van de sneetjes brood.
b) Gebruik een deegrollener om de sneetjes brood plat te maken.
c) Verdeel een laag pindakaas gelijkmatig over één kant van het afgeplatte brood.
d) Smeer een laagje gelei of jam over de pindakaas.
e) Voeg indien gewenst gesneden bananen of aardbeien toe langs een rand van het brood.
f) Rol het brood voorzichtig tot een strak blok, beginnend vanaf de rand met de pindakaas en de gelei.
g) Zorg ervoor dat de rol strak maar niet te strak zit om te voorkomen dat de ingrediënten platgedrukt worden.
h) Gebruik een scherp mes om de opgerolde sandwich in hapklare stukjes te snijden, die op sushibroodjes lijken.
i) Schik de PB&J sushibroodjes op een bord en serveer direct.
j) Optioneel: je kunt creatief aan de slag met extra toppings zoals gehakte noten, kokosnootvlokken of een scheutje honing voor extra smaak.

12. Hotdog-sushi

INGREDIËNTEN:
- Hotdogs
- Sushirijst
- Nori (zeewier)vellen
- Sojasaus, om te dippen
- Optionele **TOPPINGS:** augurken, mosterd, ketchup, zuurkool of andere hotdog-toppings die je lekker vindt

INSTRUCTIES:
BEREIDING VAN DE HOTDOGS:
a) Verwarm uw grill- of kookplaatgrillpan voor.
b) Grill de hotdogs tot ze gaar zijn en mooie grillstrepen hebben.
c) Snijd de gegrilde hotdogs in de lengte doormidden, zodat er twee lange reepjes ontstaan.
d) Bereiding van de **SUSHIRIJST:**
e) Spoel sushirijst onder koud water tot het water helder blijft.
f) Kook de rijst volgens de instructies op de verpakking.
g) Meng rijstazijn, suiker en zout in een kleine pan. Verwarm op laag vuur tot de suiker en het zout oplossen.
h) Zodra de rijst gaar is, doe je hem in een grote kom. Voeg geleidelijk het azijnmengsel toe en roer het voorzichtig door de rijst. Laat de rijst afkoelen tot kamertemperatuur.

MONTEREN VAN DE HOTDOG SUSHI:
i) Leg een stuk plasticfolie op een bamboe sushi-rolmatje.
j) Leg een vel nori op de plasticfolie, met de glanzende kant naar beneden.
k) Maak je handen nat om plakken te voorkomen en verdeel een dun laagje sushirijst over de nori, waarbij je een klein randje aan de bovenkant laat.
l) Leg een reepje gegrilde hotdog langs de onderkant van de rijst.
m) Voeg eventuele optionele toppings toe die je lekker vindt, zoals augurken, mosterd, ketchup of zuurkool.
n) Rol de sushi voorzichtig op met behulp van de bamboemat en oefen lichte druk uit om hem tot een cilinder te vormen.
o) Dicht de rand af met een beetje water.
p) Herhaal het proces met de overige ingrediënten.
q) Eenmaal gerold gebruik je een scherp mes om de hotdog-sushirol in hapklare stukjes te snijden.
r) Schik de hotdogsushi op een serveerschaal.
s) Serveer met sojasaus om te dippen.

13. Bacon-sushi

INGREDIËNTEN:
- 1/4 kopje kaas
- 1 paprika
- 30 aardappelkoekjes
- 10 spekreepjes
- 1 ei

INSTRUCTIES:
a) Maak een spekweefsel met 5 reepjes in de lengte en 5 reepjes in de breedte.
b) Combineer een ei met de aardappelkoekjes en pureer ze samen.
c) Snij de paprika.
d) Verdeel het gepureerde mengsel over het spekweefsel, maar laat een reepje spek aan de bovenkant vrij. Strooi de cheddarkaas erover en voeg dunne plakjes paprika toe.
e) Rol het spek op.
f) Zet de rol vast met tandenstokers en bak gedurende 35 minuten op 350 ° F.
g) Laat het afkoelen voordat je het voorzichtig in rollenen snijdt.

14.Wafel Ontbijt Sushi

INGREDIËNTEN:
- 1/2 gesneden ananas
- 1 gesneden rode peer
- 6 gesneden aardbeien
- 1 gesneden mango
- 1 gesneden banaan
- 2 kopjes wafelmix
- 1 1/3 kopje melk
- 2 eetlepels plantaardige olie
- 1 ei
- 1/4 suiker
- 6 oz slagroomkaas
- Ahornsiroop
- Bak spray
- gebak, zoet, room, cake, taart, jam

INSTRUCTIES:
a) Snijd je fruit in lange, dunne vormen, zodat ze goed in de rol passen.
b) Meng het wafelmengsel, de melk, de eieren, de plantaardige olie en de suiker in een middelgrote kom.
c) Spuit je wafelijzer na het voorverwarmen in met bakspray. Schep beetje bij beetje het wafelmengsel erdoor en pas op dat u uw strijkijzer niet te vol maakt.
d) Kook de wafel gedurende 5 minuten, of tot hij zacht en luchtig wordt, of op een andere manier naar jouw wens.
e) Rol de wafels met een deegrollener plat en zorg ervoor dat u niet te veel rolt.
f) Verdeel slagroomkaas op elke wafel tot je een gelijkmatige laag krijgt.
g) Leg het fruit naar keuze er bovenop in rijen en houd ze dicht bij elkaar. Begin met de kant met de meeste vulling en rol de wafel in zichzelf. Zorg ervoor dat de vulling en de roomkaas aan de binnenkant blijven.
h) Snijd de rol in secties.
i) Serveer je wafelsushi met een beetje ahornsiroop om te dunken.

15. Eenhoorn Sushi Donuts

INGREDIËNTEN:
SUSHIRIJST:
- 1 kop sushirijst
- 1 1/2 kopjes water
- 1 eetlepel rijstazijn
- 1 eetlepel suiker
- 1/2 eetlepel zout

EENHOORN SUSHI RIJST:
- 1 1/2 kopjes sushirijst, verdeeld over 3 kommen
- 1 eetlepel bietenzuurkoolsap of bietensap
- 1/2–1 eetlepel E3 Live (of 1/3 theelepel spirulina)
- 1/2 theelepel kurkuma

TOPPINGS:
- 1/2–1 avocado, in dunne plakjes gesneden
- 2 eetlepels chipotle mayonaise (in de winkel gekocht of olievrij recept hieronder)
- Sesamzaadjes, ter garnering + eventuele andere toppings naar keuze

OLIEVRIJE CHIPOTLE "MAYO":
- 1/2 kopje water
- 1/2 kop rauwe cashewnoten, een nacht geweekt
- 2 eetlepels adobosaus, uit het blikje chipotle pepers in adobo
- 2 eetlepels tomatenpuree
- 2 theelepels citroensap
- 1/4 theelepel zout + meer naar smaak

EXTRA TOppings:
- 1/2-1 eetlepel avocado, in dunne plakjes gesneden
- 2 eetlepels chipotle mayonaise (in de winkel gekocht of olievrij recept hieronder)
- 1 eetlepel sesamzaadjes, om te garneren
- 1 eetlepel + eventuele andere toppings naar keuze

OM TE SERVEREN (OPTIONEEL):
- Sojasaus en nori-vierkantjes

INSTRUCTIES:
SUSHIRIJST:
a) Spoel de sushirijst in een fijne zeef tot het water helder is, ongeveer 2-3 keer. Doe de rijst met het water in een rijstkoker of een middelgrote pan en laat deze 30 minuten weken.
b) Voeg rijst toe aan een rijstkoker of kookplaat. Om rijst op de kookplaat te koken: breng de geweekte rijst aan de kook, dek af met een deksel en laat 20 minuten sudderen. Eenmaal gekookt in de pan of rijstkoker, haal je het van het vuur (met deksel erop!) en laat je het afgedekt 10 minuten staan.
c) Combineer de rijstazijn, suiker en zout in een kleine pan op middelhoog vuur en kook tot de suiker is gesmolten maar niet kookt. Giet het azijnmengsel over de rijst en vouw het door elkaar. Laat afkoelen tot kamertemperatuur voordat u het serveert.

EENHOORN SUSHI DONUTS:
d) Verdeel de sushirijst gelijkmatig over 3 kommen (elk een halve kop) en verdeel vervolgens de kurkuma, het bietensap en E3 Live (1 in elke kom). Vouw tot alles gelijkmatig gemengd is en probeer de rijst niet te pletten.
e) Verdeel de koude sushirijst willekeurig over de donutvorm en zorg ervoor dat het middelste gat van de pan niet bedekt wordt. Druk de rijst naar beneden zodat deze strak zit en draai de pan vervolgens ondersteboven om voorzichtig de rijstringen te verwijderen. Mogelijk moet u de rijst met een lepel losmaken voordat u deze verwijdert.
f) Versier de sushi-donuts met de avocado, chipotle mayonaise (recept hieronder) en zwarte sesamzaadjes naar wens, en serveer met sojasaus en een vel nori (optioneel).

CHIPOTLE MAYO:
g) Doe de cashewnoten en hun water in een blender en mix ongeveer 30 seconden op medium en zet dan de stand op de hoogste stand. Blend tot de saus niet meer korrelig aanvoelt tussen je vingers.
h) Voeg de chipotle adobosaus en de rest van de sausingrediënten toe .
i) Meng tot alles is opgenomen en voeg dan zout naar smaak toe.

16.Gevulde komkommer-sushibroodjes

INGREDIËNTEN:
SUSHI:
- 2 komkommers
- 1 kop ongekookte sushirijst (210 g)
- 1/2 stevige avocado, in plakjes gesneden
- 1/4 rode paprika, in plakjes gesneden
- 1/4 oranje paprika, in plakjes gesneden
- Optionele toevoegingen: julienne gesneden wortels, rode kool, spruitjes, tofu of lente-uitjes

KRUIDIGE MAYO:
- 3 eetlepels mayonaise (45 g)
- 1 eetlepel sriracha (15 g)

INSTRUCTIES:
a) Kook de rijst volgens de instructies op de verpakking.
b) Snijd elke komkommer doormidden en verwijder de zaden met een kleine lepel of een mes, zodat er een lange, holle buis ontstaat.
c) De binnenkant uit een komkommer scheppen.
d) Schep er een kleine hoeveelheid rijst in en druk het vervolgens met een klein mes naar één kant van de buis.
e) Voeg een plakje avocado en een paar plakjes peper toe, voeg dan meer rijst toe om de gaten op te vullen, druk het samen en voeg meer rijst toe tot het vol zit.
f) Een komkommer vullen met rijst en wortels.
g) Snijd de komkommer met een scherp mes in stukken van 1/2 inch dik. Als je merkt dat de vulling losraakt tijdens het snijden, doe er dan waar nodig meer rijst en paprika in.
h) Serveer met je favoriete sushi-bijgerechten, zoals pittige mayonaise, sojasaus, ingelegde gember en wasabi.

17. Kaas hamburger-sushi

INGREDIËNTEN:
- 3 hamburgerbroodjes
- 8 oz zijsteak
- 1 plakje kaas
- 1/2 ui
- 4 oz krop sla
- 1 hele tomaat
- 3 oz ketchup
- 3 ons mosterd

INSTRUCTIES:
a) Kook de zijsteak tot hij naar wens is gaar.
b) Maak de burgerbroodjes plat op een sushimatje, zodat er een rechthoek ontstaat.
c) Leg de zijsteak, kaas, ui, sla en tomaat (of de gewenste toppings) op één kant van de mat en rol op.
d) Snijd het in stukken om kleine rollenetjes te maken en geniet er vervolgens van met wat ketchup en mosterd.

18.Banaan Nutella Dessertsushi

INGREDIËNTEN:
- 2 bananen
- 2 crêpes
- 2-3 eetlepels Nutella

INSTRUCTIES:

a) Verwarm de crêpe in een pan op middelhoog vuur gedurende ongeveer 45 seconden aan elke kant. Je kunt crêpes uit de winkel gebruiken of je eigen crêpes maken.

b) Leg de crêpe op een vlakke ondergrond en bestrijk royaal met Nutella. Zorg ervoor dat u rondom de crêpe een rand van 1/2 inch vrijlaat.

c) Schil een banaan en plaats deze op 1/4 van de crêpe. Begin de crêpe vervolgens dicht te rollen.

d) Snijd de rol met een scherp mes in 6-8 stukken.

e) Leg de broodjes op een bord en geniet van je heerlijke Banana Nutella Dessert Sushi!

19. Bananen-pistachesushi

INGREDIËNTEN:
- 2 bananen
- 70 g hoogwaardige 72% pure chocolade, gesmolten
- 100 g geroosterde pistachenoten, fijngehakt

INSTRUCTIES:
a) Schil de bananen en steek aan beide uiteinden een tandenstoker, zodat je ze makkelijker vast kunt houden terwijl je ze bedekt met chocolade.
b) Bedek de bananen met gesmolten chocolade en bestrooi met gehakte pistachenoten.
c) Zet ze een paar minuten in de vriezer, zodat de chocolade kan opstijven.
d) Zodra de chocolade hard genoeg is, snijd je de bananen met een scherp mes in hapklare sushistukjes.
e) Serveer op zichzelf of met extra gesmolten chocolade om te dippen. Genieten!

20.Sushi-snoepjes

INGREDIËNTEN:
- 1 Rijst Krispie-traktatie
- 1 Fruitrol
- 4-5 Zweedse vis
- 4-5 Gummy-wormen

INSTRUCTIES:
a) Snij de Rice Krispie-traktatie in vier stukken.
b) Plaats een Zweedse vis bovenop de Rice Krispie Treat.
c) Scheur de Fruit Rollen-Up in dunne reepjes.
d) Wikkel een Fruit Rollen-Up-strook rond de Rice Krispie Treat en Swedish Fish.
e) Probeer voor een variatie Zweedse vis te ruilen voor gummiewormen.

21.Chocolade bananenrol

INGREDIËNTEN:
- 2 rijpe bananen
- 1 kop chocolade-hazelnootpasta
- 1 kopje knapperige rijstgranen
- 4 vellen rijstpapier

INSTRUCTIES:
a) Bananen schillen en in de lengte doorsnijden.
b) Verdeel chocolade-hazelnootpasta op elk vel rijstpapier.
c) Leg de plakjes banaan op één rand van het rijstpapier.
d) Strooi knapperige rijstgranen over de bananen.
e) Rol het rijstpapier strak op, vergelijkbaar met een sushirol.
f) Snijd in hapklare stukken en serveer.

22.Karamel Appelsushi

INGREDIËNTEN:
- 2 appels, in dunne plakjes gesneden
- Karamel saus
- 1 kopje muesli
- 4 tortilla's

INSTRUCTIES:
a) Leg een tortilla plat en smeer er een laagje karamelsaus op.
b) Verdeel de appelschijfjes gelijkmatig op de tortilla.
c) Strooi granola over de appels.
d) Rol de tortilla strak op en snijd hem in stukken ter grootte van een sushi.
e) Besprenkel indien gewenst met extra karamelsaus.

23. Matcha Groene Thee Crêpe Sushi

INGREDIËNTEN:
- 1 kopje bloem voor alle doeleinden
- 2 eieren
- 1 kopje melk
- 1 eetlepel suiker
- 1 theelepel matchapoeder
- Zoete rode bonenpasta
- Gesneden kiwi of ander fruit

INSTRUCTIES:
a) Meng in een kom de bloem, eieren, melk, suiker en matchapoeder tot een crêpebeslag.
b) Kook dunne pannenkoeken in een pan.
c) Verdeel zoete rode bonenpasta op elke crêpe.
d) Leg het gesneden fruit langs één rand en rol de crêpe op.
e) Snijd in stukken ter grootte van een sushi en serveer.

24.Bosbes Bliss Mochi-sushi

INGREDIËNTEN:
- 1 kopje kleefrijstmeel
- 1/4 kopje suiker
- 1 kopje bosbessen
- Gezoete gecondenseerde melk
- Mochi-wikkels of nori-reepjes

INSTRUCTIES:
a) Meng het kleefrijstmeel en de suiker en stoom het vervolgens totdat er een plakkerig deeg ontstaat.
b) Maak het mochideeg plat en plaats een paar bosbessen in het midden.
c) Vouw en vorm kleine sushi-achtige rechthoeken.
d) Besprenkel voor het serveren met gezoete gecondenseerde melk.

25. Citroen Bosbessen Sushibroodjes

INGREDIËNTEN:
- 2 kopjes gekookte sushirijst
- Schil van 1 citroen
- 1 kopje bosbessen
- Roomkaas
- Nori-bladen

INSTRUCTIES:
a) Meng de citroenschil door de gekookte sushirijst.
b) Verdeel een dun laagje roomkaas op norivellen.
c) Leg de sushirijst en bosbessen op de roomkaaskant.
d) Rol strak op en snijd in stukken.

26. Fruitpannenkoeksushi met kwark

INGREDIËNTEN:
VOOR PANNENKOEKEN:
- 1 kopje bloem voor alle doeleinden
- 2 eetlepels suiker
- 1 theelepel bakpoeder
- 1/2 theelepel zuiveringszout
- 1/4 theelepel zout
- 1 kopje karnemelk
- 1 groot ei
- 2 eetlepels ongezouten boter, gesmolten
- Kookspray of extra boter voor het koken

VOOR HET VULLEN:
- Hüttenkäse
- Geassorteerd fruit (aardbeien, kiwi, mango, enz.), in dunne plakjes gesneden

OPTIONELE TOPPINGEN:
- Honing
- Gehakte noten (zoals amandelen of pistachenoten)
- Muntblaadjes ter garnering

INSTRUCTIES:

a) Meng in een grote kom de bloem, suiker, bakpoeder, zuiveringszout en zout.

b) Klop in een aparte kom de karnemelk, het ei en de gesmolten boter door elkaar.

c) Giet de natte ingrediënten bij de droge ingrediënten en roer tot ze net gemengd zijn. Zorg ervoor dat u niet te veel mixt; een paar klontjes zijn oké.

d) Verhit een bakplaat of koekenpan met antiaanbaklaag op middelhoog vuur. Bestrijk het licht met kookspray of boter.

e) Giet voor elke pannenkoek 1/4 kopje beslag op de bakplaat. Kook tot er belletjes op het oppervlak ontstaan, draai dan om en bak de andere kant goudbruin. Herhaal dit totdat alle pannenkoeken gaar zijn.

MONTEER DE FRUIT SUSHI ROLLENEN:

f) Zodra de pannenkoeken voldoende zijn afgekoeld om te hanteren, smeert u een laag kwark over elke pannenkoek.

g) Leg dunne plakjes van diverse soorten fruit langs één rand van de pannenkoek.

h) Rol de pannenkoek voorzichtig over het fruit, zodat er een sushirol ontstaat. Zorg ervoor dat het strak maar zacht is om te voorkomen dat de pannenkoek breekt.

i) Gebruik een scherp mes om de pannenkoekrol in hapklare stukjes te snijden, die lijken op sushirollenen.

OPTIONELE TOPPINGEN:

j) Druppel honing over de bovenkant van de fruitsushibroodjes.

k) Strooi gehakte noten voor extra knapperigheid en smaak.

l) Garneer met muntblaadjes voor een frisse toets.

m) Schik de fruitsushibroodjes op een bord en serveer direct. Geniet van deze unieke en heerlijke variant op sushi!

27. Sushi met paranoten

INGREDIËNTEN:
- 6 nori-vellen, in brede reepjes gesneden
- ⅜ kopje paranoten
- 1 avocado
- 1 klein kopje zuurkool

INSTRUCTIES:
a) Hak de noten grof en de avocado in blokjes.
b) Meng met de zuurkool.
c) Verdeel het mengsel in norireepjes en vouw dicht.

EXOTISCHE SUSHIBROODJES

28.Wagyu-rundvleessushibroodjes

INGREDIËNTEN:
- 1 pond Wagyu-rundvlees, in dunne plakjes gesneden
- 1 komkommer, in plakjes gesneden
- Sushirijst, 2 kopjes
- Nori, 4 vellen
- 2 lente-uitjes, in plakjes gesneden

SERVEREN
- Sojasaus
- Wasabi

INSTRUCTIES:
a) Sushirijst moet worden bereid zoals aangegeven op de verpakking.
b) Leg op een sushimatje een norivel en bedek dit met rijst.
c) Leg het in dunne plakjes gesneden Wagyu-rundvlees, de komkommer en de lente-uitjes op de rijst.
d) Snijd de sushi na het strak oprollen.
e) Wasabi en sojasaus zijn gratis.

29. Uni en Tobiko sushirollenen

INGREDIËNTEN:
- 4 vellen nori-zeewier
- 2 kopjes water
- Sushirijst, 2 kopjes
- 1 theelepel zout
- ¼ kopje rijstazijn
- Suiker, 1 eetlepel
- ½ kopje Tobiko
- ½ kopje Uni/Zee-egel
- 1 avocado, in plakjes gesneden
- 1 komkommer, in plakjes gesneden

SERVEREN
- Gepekelde gember
- Sojasaus
- Wasabi

INSTRUCTIES:
a) Spoel de sushirijst in een fijnmazige zeef tot het water helder blijft. Breng de rijst en het water aan de kook in een middelgrote pan. Zet het vuur laag en dek af met een goed sluitend deksel zodra het begint te koken. Laat 15 minuten koken, haal dan van het vuur en laat afgedekt 10 minuten staan.

b) Maak de sushi-azijn terwijl de rijst kookt door de rijstazijn, suiker en zout in een kleine pan op laag vuur te combineren. Kook tot de suiker en het zout zijn gesmolten, onder regelmatig roeren. Zet opzij om af te koelen.

c) Als de rijst klaar is met koken, doe je hem in een grote mengkom en laat je hem een paar minuten staan om af te koelen. Giet de sushi-azijn over de rijst en meng dit er voorzichtig doorheen.

d) Leg een vel nori met de glanzende kant naar beneden op een bamboe sushimatje. Bestrijk de nori met een dunne laag sushirijst en laat aan de bovenrand een rand van 2,5 cm vrij.

e) Leg de avocado, komkommer, Tobiko en Uni op de rijst. Rol de sushi stevig op met behulp van de mat. Maak de bovenrand van de nori lichtjes nat om de hechting te bevorderen.

f) Herhaal dit met de overige ingrediënten om vier sushirollenen te maken.

g) Serveer de sushirollenen in 8 stuks met sojasaus, wasabi en ingelegde gember.

30. Hamagari- schelpdierensushi

INGREDIËNTEN:

- 10 Hamagari-schelpdieren, ontgrit
- 200 ml Sake
- 40 ml Azijn
- 20 gram suiker
- 3 Eetlepels Sojasaus
- 4 eetlepels suiker
- 40 ml Mirin
- 700 gram Vers gekookte rijst
- ⅔ theelepels Zout

INSTRUCTIES:

a) Wrijf de mosselen tegen elkaar en was ze onder stromend water om eventuele slijmerige delen te verwijderen.
b) Breng in een aparte pan de kooksake aan de kook nadat de mosselen gaar zijn. Dek af met een deksel en stoom de schelpdieren gedurende 3-4 minuten voordat u ze uit de container haalt. De vloeistof uit de pan kun je bewaren en later gebruiken.
c) Wrik de schelpen open door er een mes in te steken. Verwijder het vlees voorzichtig om te voorkomen dat het gewond raakt.
d) Pas de staat van het vlees aan en verwijder het vlees met het mes van de voet.
e) Combineer de "A" -ingrediënten in een koekenpan met het resterende mosselsap uit stap 2 en breng op laag vuur aan de kook tot de saus dikker wordt.
f) Combineer de rijst en de "B" -componenten in een houten bakje. Voeg de "B" -ingrediënten toe terwijl u de rijst uitwaaiert.
g) Vorm met je handen en het azijnmengsel de sushirijst tot nigirisushi. Werk af door de saus over het mosselvlees te strijken en het in een mooie vorm te vormen.

31. Sushibroodjes van kreeft

INGREDIËNTEN:
- Sushirijst, 2 kopjes
- 1 avocado, in plakjes gesneden
- ¼ kopje mayonaise
- Nori, 4 vellen
- 1 pond gekookt kreeftenvlees, gehakt
- 1 komkommer, in plakjes gesneden

SERVEREN
- gepekelde gember
- sojasaus

INSTRUCTIES:
a) Volg tijdens het bereiden van de sushirijst de aanwijzingen op de verpakking.
b) Mayonaise moet worden gecombineerd met gekookt kreeftenvlees.
c) Leg op een sushimatje een norivel en daarna een laagje rijst.
d) Verdeel het kreeftenmengsel, de plakjes avocado en de plakjes komkommer over de rijst.
e) Snijd de strak opgerolde sushi na het rollenen in plakjes.
f) Serveer met ingelegde gember en sojasaus.

32. Daikon-radijs en omeletsushi

INGREDIËNTEN:
VOOR GEKOOKTE GEDROOGDE DAIKON RADIJS
- 1 ounce gedroogde daikon-radijs, geweekt en in lange reepjes gesneden
- ⅔ kopje dashi-soepbouillon
- 3 eetlepels sojasaus
- Suiker, 2 eetlepels
- 1 eetlepel mirin

VOOR EIOMELETTE
- 2 eieren
- 2 theelepels suiker
- Koolzaadolie

VOOR FUTOMAKI-ROLLENEN
- 4 vellen nori
- 6 kopjes bereide sushirijst
- 1 kleine komkommer, afgesneden en in de lengte gesneden

INSTRUCTIES:
a) Meng dashi-soepbouillon, sojasaus, suiker en mirin in een middelgrote pan.
b) Breng aan de kook in een middelgrote pan.
c) Voeg de kanpyo toe en kook op laag vuur tot bijna al het vocht verdwenen is. Koel het af.

VOOR DE TAMAGOYAKI
d) Klop de eieren en de suiker in een kleine kom.
e) Verhit canola-olie in een kleine koekenpan en maak een punt om de schaal te bedekken. Maak een dunne laag door het eimengsel erin te verwerken.
f) Vouw of rol de eiomelet daarna langzaam tot een dikke rol.
g) Haal het uit de pan en laat het afkoelen. Maak er lange stokjes van.
h) Bedek de bamboemat met een stuk plasticfolie.

VOOR DE FUTOMAKI SUSHIROLLENEN
i) Leg op de bamboemat een flink vel geroosterd, gedroogd zeewier over de plasticfolie.
j) Verdeel een kwart kopje sushirijst gelijkmatig over het gedroogde zeewiervel.
k) Schik de komkommersticks, omelet en kanpyo horizontaal op de rijst in het midden. De sushi moet tot een cilinder worden gevormd door de bamboemat op te rollenen en naar voren te drukken.
l) Haal het bamboematje van de sushi door er stevig op te drukken.
m) Snijd de opgerolde Futomaki-sushi in stukjes die klein genoeg zijn om te eten.
n) Snijd de sushirol in hapklare stukjes met een scherp, nat mes.
o) Serveer de sushi met wasabi en sojasaus op een schaal.

33.Sushibroodjes met gerookte zalm en roomkaas

INGREDIËNTEN:
- 1 pond gerookte zalm, in plakjes gesneden
- 4 ons roomkaas
- Sushirijst, 2 kopjes
- Nori, 4 vellen
- 1 komkommer, in plakjes gesneden

SERVEREN
- Sojasaus
- Wasabi

INSTRUCTIES:
a) Kook de sushirijst volgens de aanwijzingen op de verpakking.
b) Smeer een dun laagje roomkaas op het norivel.
c) Leg de gerookte zalm en komkommer op de roomkaas.
d) Rol de sushi strak op en snijd hem in hapklare stukken.
e) Serveer met wasabi en sojasaus.

34.Sushibroodjes met tonijn en mango

INGREDIËNTEN:
- 1 pond verse tonijn, in plakjes gesneden
- Nori, 4 vellen
- 1 rijpe mango, in plakjes gesneden
- Sushirijst, 2 kopjes

SERVEREN
- Sojasaus
- Wasabi

INSTRUCTIES:
a) Kook de sushirijst volgens de aanwijzingen op de verpakking.
b) Verdeel de rijst over een norivel op een sushimatje.
c) Leg de plakjes tonijn en mango op de rijst.
d) Rol de sushi strak op en snijd hem in hapklare stukken.
e) Serveer met wasabi en sojasaus.

35.Pittige shiitake-paddenstoelenrol

INGREDIËNTEN:
- 1 kop sushirijst, gekookt
- 1 eetlepel rijstazijn
- 1 kopje maizena
- plantaardige olie
- Suiker, 1 eetlepel
- ½ eetlepel zout
- 7 grote gedroogde shiitake-paddenstoelen, geweekt in heet water, uitgelekt en in reepjes gesneden
- 2 theelepels Ener-G, gemengd met 5 eetlepels water
- 2 nori-vellen
- 2 eetlepels sriracha, gemengd met 1-2 eetlepels Vegenaise

GARNIEREN
- gemalen rode peper

SERVEREN
- gepekelde gember
- sojasaus

INSTRUCTIES:
a) Meng in een grote glazen kom de gekookte rijst, rijstazijn, suiker en zout en zet de magnetron gedurende 10-15 seconden in de magnetron.
b) Meng grondig en zet opzij.
c) Verhit voldoende olie in een kleine pan op middelhoog vuur.
d) Zodra de olie klaar is, doopt u een paar plakjes champignons in het Ener-G-mengsel voordat u ze bedekt met maizena.
e) Na 2 minuten in de olie afgieten.
f) Leg een vel nori op een sushimatje.
g) Breng een uniforme laag rijst aan op het vel.
h) Verdeel de rijst met je vingertoppen gelijkmatig.
i) Leg de helft van de champignons op het korte uiteinde van het norivel.
j) Nadat je het met het sriracha-Vegenaise-mengsel hebt bedekt, rol je het langzaam en voorzichtig op, zodat het zo strak mogelijk wordt.
k) Snij in 8 rollenen.
l) Serveer met sojasaus en ingelegde gember en bestrooi met gemalen rode peper.

36.Avocado Komkommer Sushibroodje

INGREDIËNTEN:
SUSHI-RIJST
- 1 kopje kortkorrelige bruine rijst, gekookt
- 2 eetlepels rijstazijn
- Suiker, 1 eetlepel
- 1 theelepel zeezout

VOOR DE ROLLENEN:
- ⅓ kopje microgreens, indien gewenst
- 1 komkommer, in lange reepjes gesneden
- 1 rijpe mango, in verticale reepjes gesneden
- Nori, 4 vellen
- 1 avocado, in plakjes gesneden
- 2 eetlepels sesamzaadjes, optioneel

SERVEREN:
- Kokospindasaus, tamari of ponzusaus

INSTRUCTIES:
SUSHIRIJST:
a) Gebruik een vork om de gekookte rijst los te maken voordat je het zout, de suiker en de rijstazijn toevoegt.
b) Opzij zetten.

VERZAMELEN:
c) Leg een norivel met de glanzende kant naar boven op een bamboematje en doe wat rijst in het onderste tweederde deel.
d) Leg de toppings er bovenop.
e) Stop de nori in de bamboemat door hem op te rollen.
f) Vorm en druk de rol lichtjes aan.
g) Snijd de sushi in plakjes.
h) Serveer met kokos-pindasaus, tamari of ponzu-saus ernaast.

37.Pittige Sint-jakobsschelpsushibroodjes

INGREDIËNTEN:
- 1 pond verse sint-jakobsschelpen, gehakt
- ¼ kopje mayonaise
- Sriracha-saus
- Sushirijst, 2 kopjes
- Nori, 4 vellen

SERVEREN
- Sojasaus
- Wasabi

INSTRUCTIES:
a) Kook de sushirijst volgens de aanwijzingen op de verpakking.
b) Meng de sint-jakobsschelpen, mayonaise en Sriracha-saus in een mengkom.
c) Verdeel de rijst over een norivel op een sushimatje.
d) Bestrijk de rijst met het Sint-jakobsschelpenmengsel.
e) Rol de sushi strak op en snijd hem in hapklare stukken.
f) Serveer met wasabi en sojasaus.

38.Sushibroodjes met krab en avocado

INGREDIËNTEN:
- Nori, 4 vellen
- 1 pond krabvlees
- Sushirijst, 2 kopjes
- 1 avocado, in plakjes gesneden

SERVEREN
- Sojasaus
- Wasabi

INSTRUCTIES:
a) Kook de sushirijst volgens de aanwijzingen op de verpakking.
b) Verdeel de rijst over een norivel op een sushimatje.
c) Verdeel het krabvlees en de plakjes avocado over de rijst.
d) Rol de sushi strak op en snijd hem in hapklare stukken.
e) Serveer met wasabi en sojasaus.

39. Geglazuurde Aubergine Sushi

INGREDIËNTEN:
- 1½ kopjes bereide traditionele sushirijst
- 1 kleine Japanse aubergine, in plakjes gesneden
- Olie om te koken
- Sojasaus, 1 eetlepel
- ½ theelepel donkere sesamolie
- ½ theelepel misopasta
- Rijstazijn, 1 theelepel
- 1 theelepel geroosterde sesamzaadjes
- 1 theelepel gehakte groene uien, alleen groene delen

INSTRUCTIES:
a) Begin met het maken van sushirijst.
b) Verwarm de oven voor op 350 ° F.
c) Leg bakpapier op een bakblik.
d) Meng in een kleine kom de sojasaus, donkere sesamolie, misopasta en rijstazijn.
e) Smeer het mengsel aan beide kanten van de aubergineplakken.
f) Leg de stukken plat op een bakplaat bedekt met bakpapier.
g) Kook gedurende 7 minuten. Laat de aubergineplakken volledig afkoelen.
h) Leg een bamboe rolmatje op een stuk plasticfolie.
i) Maak met de plakjes aubergine een horizontale rij over de plasticfolie.
j) Verdeel met natte vingers de sushirijst over de aubergine.
k) Bedek de sushirijst met plasticfolie.
l) Draai de plasticfoliebundel ondersteboven zodat de rijst op de bodem ligt.
m) Vorm de sushi tot een rechthoek met behulp van de bamboe rolmat.
n) Snijd de sushi in 8 stukken door het plasticfolie door te snijden.
o) Verwijder de plasticfolie voorzichtig.
p) Om te serveren, schikt u de stukken op een serveerschaal.
q) Bestrooi de stukken met sesamzaadjes en groene uien.

40. Sushibroodjes met paling en komkommer

INGREDIËNTEN:
- 1 pond paling, gekookt en in plakjes gesneden
- Sushirijst, 2 kopjes
- Nori, 4 vellen
- Komkommer, gesneden
- Unagi-saus

SERVEREN
- Sojasaus
- Wasabi
- Sushi-gember

INSTRUCTIES:
a) Kook de sushirijst volgens de aanwijzingen op de verpakking.
b) Verdeel de rijst over een norivel op een sushimatje.
c) Leg de paling- en komkommerschijfjes op de rijst.
d) Besprenkel de paling en rijst met de Unagi-saus.
e) Rol de sushi strak op en snijd hem in hapklare stukken.
f) Serveer met je favoriete bijgerechten.

41. Krokante enoki-champignonrol

INGREDIËNTEN:
VOOR DE SUSHIRIJST
- Rijstazijn, 1 theelepel
- Suiker, 1 theelepel
- Zout, ½ theelepel
- 1 kop sushirijst, gekookt

VOOR DE ENOKI PADDESTOELEN
- Een bundel van 7 ons enoki-paddenstoelen, in 8 stukken verdeeld
- 1 kopje water
- 2 eetlepels Ener-G
- 1 kopje maïzena, plus meer indien nodig
- veel koolzaad-, groente- of druivenpitolie

VERZAMELEN
- 4 geroosterde nori-vellen
- 4 eetlepels witte sesamzaadjes
- 4 eetlepels veganistische mayonaise
- 4 eetlepels sriracha
- 8 shisoblaadjes
- 1 eetlepel zwarte sesamzaadjes, om te garneren

INSTRUCTIES:
a) Meng de rijst met rijstazijn, suiker en zout naar smaak.
b) Om de champignons te maken, verwarm voldoende olie in een Nederlandse oven op middelhoog vuur.
c) Klop in een kleine, ondiepe kom het water en Ener-G door elkaar, doe dan twee Enoki-stukjes in het mengsel en roer om te dekken.
d) Gooi het voorzichtig met je handen in het maizena.
e) Bak de champignons ongeveer drie minuten in de olie en draai ze een of twee keer om.
f) Leg de gebakken champignons op keukenpapier, bestrooi ze met zout en laat ze uitlekken.
g) Verdeel voor de constructie de gekoelde rijst in vier delen.
h) Leg een norivel met de glanzende kant naar beneden op een in plastic verpakt matje.
i) Week de rijst in water voordat je hem gelijkmatig over het norivel verdeelt.
j) Leg er 1 eetlepel sesamzaadjes bovenop.
k) Meng de mayonaise en sriracha.
l) Verdeel een lepel saus in een lijn op het uiteinde van de rijst die zich het dichtst bij u bevindt.
m) Plaats aan beide uiteinden van de rol een shisoblad.
n) Snijd de ruwe basis aan het uiteinde van de paddenstoel af en bedek twee stukken Enoki met het shishoblad. Kook de paddenstoel vervolgens zoals gewoonlijk.
o) Rol de sushi met een stevige maar zachte grip op de mat.
p) Gebruik water om het uiteinde af te dichten.
q) Snijd de sushi in acht stukken door hem eerst doormidden te snijden en dan nog een keer doormidden.
r) Werk af met zwarte sesamzaadjes en nog wat sriracha-mayo.

42. Sushibroodjes met kaviaar en roomkaas

INGREDIËNTEN:
- 1 ons kaviaar
- 4 ons roomkaas
- Sushirijst, 2 kopjes
- Nori, 4 vellen

SERVEREN
- Sojasaus
- Wasabi

INSTRUCTIES:
a) Kook de sushirijst volgens de aanwijzingen op de verpakking.
b) Smeer een dun laagje roomkaas op het norivel.
c) Bestrijk de roomkaas met een kleine hoeveelheid kaviaar.
d) Leg de sushirijst op de kaviaar en roomkaas.
e) Rol de sushi strak op en snijd hem in hapklare stukken.
f) Serveer met wasabi en sojasaus.

43. Tonijn Tartaar Sushi Rollenen

INGREDIËNTEN:
- 1 pond verse tonijn, in blokjes gesneden
- Nori-bladen
- Avocado, gesneden
- Sriracha, 1 eetlepel saus
- Sojasaus, 1 eetlepel
- Sushirijst
- 2 eetlepels mayonaise
- Komkommer, gesneden

SERVEREN
- Sojasaus
- Wasabi

INSTRUCTIES:
a) Combineer de in blokjes gesneden tonijn, mayonaise, srirachasaus en sojasaus in een mengkom.
b) Kook de sushirijst volgens de aanwijzingen op de verpakking.
c) Verdeel de rijst over een norivel op een sushimatje.
d) Leg de tonijntartaar, plakjes avocado en plakjes komkommer op de rijst.
e) Rol de sushi strak op en snijd hem in hapklare stukken.
f) Serveer met wasabi en sojasaus.

44.Softshell krabsushibroodjes

INGREDIËNTEN:
- Sushirijst
- 4 softshell-krabben
- Nori-bladen
- Avocado, gesneden
- 1 ei
- 1 kopje bloem voor alle doeleinden
- ½ kopje maizena
- 1 kopje panko-broodkruimels

SERVEREN
- Sojasaus
- Wasabi

INSTRUCTIES:
a) Meng in een mengkom de bloem, het maizena, het ei en het water tot een beslag.
b) Doop de softshell-krabben in het beslag en vervolgens in het panko-paneermeel.
c) Bak de softshell krabben goudbruin in olie.
d) Kook de sushirijst volgens de aanwijzingen op de verpakking.
e) Verdeel de rijst over een norivel op een sushimatje.
f) Schik de gebakken softshell krab en plakjes avocado op de rijst.
g) Rol de sushi strak op en snijd hem in hapklare stukken.
h) Serveer met wasabi en sojasaus.

45. Sint-jakobsschelp en Tobiko-sushibroodjes

INGREDIËNTEN:
- ½ pond verse sint-jakobsschelpen, in plakjes gesneden
- Sushirijst
- Nori-bladen
- 2 eetlepels mayonaise
- srirachasaus, 2 eetlepels
- Tobiko/vliegende viskuit

SERVEREN
- Sojasaus
- Wasabi

INSTRUCTIES:
a) Combineer de gesneden Sint-Jakobsschelpen, mayonaise en sriracha-saus in een mengschaal.
b) Kook de sushirijst volgens de aanwijzingen op de verpakking.
c) Verdeel de rijst over een norivel op een sushimatje.
d) Bestrijk de rijst met het sint-jakobsschelpmengsel en tobiko.
e) Rol de sushi strak op en snijd hem in hapklare stukken.
f) Serveer met wasabi en sojasaus.

46. Toro en kaviaarsushi

INGREDIËNTEN:
- Sushirijst, 2 kopjes
- Nori, 4 vellen
- 1 ons kaviaar
- ½ pond toro (vette tonijn)

SERVEREN
- Sojasaus
- Wasabi

INSTRUCTIES:

a) Kook de sushirijst volgens de aanwijzingen op de verpakking en zet hem opzij om af te koelen.
b) Leg de toro-plakjes die in dunne plakjes zijn gesneden opzij.
c) Verdeel een laag sushirijst over een zeewiervel op een sushimatje en laat aan de bovenkant een rand van 2,5 cm vrij.
d) Beleg de rijst met een paar plakjes toro en een klodder kaviaar.
e) Rol de sushi strak op met behulp van de sushimat en bevochtig de bovenrand van het zeewiervel met water om de rol af te dichten.
f) Serveer de rol in hapklare stukjes met sojasaus en wasabi.

47.Sushi met kreeft en truffelolie

INGREDIËNTEN:
- Sushirijst, 2 kopjes
- 2 theelepels truffelolie
- Nori, 4 vellen
- ½ pond gekookt kreeftenvlees

SERVEREN
- gepekelde gember
- sojasaus

INSTRUCTIES:
a) Kook de sushirijst volgens de aanwijzingen op de verpakking en zet hem opzij om af te koelen.
b) Meng het kreeftenvlees in hapklare stukjes met de truffelolie.
c) Verdeel een laag sushirijst over een zeewiervel op een sushimatje en laat aan de bovenkant een rand van 2,5 cm vrij.
d) Schik de stukjes kreeft op de rijst.
e) Rol de sushi strak op met behulp van de sushimat en bevochtig de bovenrand van het zeewiervel met water om de rol af te dichten.
f) Serveer de rol in hapklare stukjes met ingelegde gember en sojasaus.

48.Foie Gras en Vijgensushi

INGREDIËNTEN:
- Nori, 4 vellen
- Sushirijst, 2 kopjes
- ¼ pond foie gras
- 4 verse vijgen

SERVEREN
- Sojasaus
- Wasabi

INSTRUCTIES:
a) Kook de sushirijst volgens de aanwijzingen op de verpakking en zet hem opzij om af te koelen.
b) Zet de foie gras opzij. Deze moet in dunne plakjes worden gesneden.
c) Snijd de verse vijgen in hapklare stukjes.
d) Verdeel een laag sushirijst over een zeewiervel op een sushimatje en laat aan de bovenkant een rand van 2,5 cm vrij.
e) Beleg de rijst met een paar plakjes foie gras en stukjes verse vijgen.
f) Rol de sushi strak op met behulp van de sushimat en bevochtig de bovenrand van het zeewiervel met water om de rol af te dichten.
g) Serveer de rol in hapklare stukjes met sojasaus en wasabi.

49.Uni en Wagyu-rundvleessushi

INGREDIËNTEN:
- Sushirijst, 2 kopjes
- Nori, 4 vellen
- ¼ pond uni/zee-egel
- ¼ pond Wagyu-rundvlees

SERVEREN
- Sojasaus
- Wasabi

INSTRUCTIES:
a) Kook de sushirijst volgens de aanwijzingen op de verpakking en zet hem opzij om af te koelen.
b) Zet het in dunne plakjes gesneden Wagyu-vlees opzij.
c) Op een zeewiervel een laagje uni uitsmeren.
d) Leg bovenop de uni een paar plakjes Wagyu-rundvlees.
e) Rol de sushi strak op met behulp van de sushimat en bevochtig de bovenrand van het zeewiervel met water om de rol af te dichten.
f) Serveer de rol in hapklare stukjes met sojasaus en wasabi.

50.Radijs en Garnalen Sushi Nigiri

INGREDIËNTEN:
- Sushirijst
- Radijsjes, in dunne plakjes gesneden
- Gekookte garnalen
- Sojasaus om te dippen

INSTRUCTIES:
a) Neem een kleine hoeveelheid sushirijst en vorm deze tot een klein rechthoekig blok.
b) Leg een plakje radijs op het rijstblok.
c) Beleg de radijs met gekookte garnalen.
d) Herhaal met de overige ingrediënten.
e) Serveer de sushi nigiri met sojasaus om te dippen.

51.Koningskrab en avocadosushi

INGREDIËNTEN:
- Sushirijst, 2 kopjes
- 1 avocado
- Nori, 4 vellen
- ½ pond koningskrabvlees

SERVEREN
- gepekelde gember
- sojasaus

INSTRUCTIES:
a) Kook de sushirijst volgens de aanwijzingen op de verpakking en zet hem opzij om af te koelen.
b) Maak kleine plakjes van het koningskrabvlees.
c) Snijd de avocado in dunne plakjes.
d) Verdeel een laag sushirijst over een zeewiervel op een sushimatje en laat aan de bovenkant een rand van 2,5 cm vrij.
e) Verdeel de koningskrab en avocado over de rijst.
f) Rol de sushi strak op met behulp van de sushimat en bevochtig de bovenrand van het zeewiervel met water om de rol af te dichten.
g) Serveer de rol in hapklare stukjes met ingelegde gember en sojasaus.

52. Sushi van zeebaars en truffel

INGREDIËNTEN:
- Sushirijst, 2 kopjes
- ½ pond zeebaars
- 2 theelepels truffelolie
- Nori, 4 vellen

SERVEREN
- Sojasaus
- Wasabi

INSTRUCTIES:

a) Kook de sushirijst volgens de aanwijzingen op de verpakking en zet hem opzij om af te koelen.
b) Meng de zeebaars in dunne plakjes met de truffelolie.
c) Verdeel een laag sushirijst over een zeewiervel op een sushimatje en laat aan de bovenkant een rand van 2,5 cm vrij.
d) Leg de plakjes zeebaars op de rijst.
e) Rol de sushi strak op met behulp van de sushimat en bevochtig de bovenrand van het zeewiervel met water om de rol af te dichten.
f) Serveer de rol in hapklare stukjes met sojasaus en wasabi.

53.Sushi met eend en hoisinsaus

INGREDIËNTEN:
- Sushirijst, 2 kopjes
- Nori, 4 vellen
- ½ pond gekookte eendenborst
- 2 eetlepels hoisinsaus

SERVEREN
- Sojasaus
- Wasabi

INSTRUCTIES:
a) Kook de sushirijst volgens de aanwijzingen op de verpakking en zet hem opzij om af te koelen.
b) Meng de gekookte eendenborst in kleine stukjes met de hoisinsaus.
c) Verdeel een laag sushirijst over een zeewiervel op een sushimatje en laat aan de bovenkant een rand van 2,5 cm vrij.
d) Leg de stukjes eend op de rijst.
e) Rol de sushi strak op met behulp van de sushimat en bevochtig de bovenrand van het zeewiervel met water om de rol af te dichten.
f) Serveer de rol in hapklare stukjes met sojasaus en wasabi.

54. Vette Zalm en Avocado Sushi

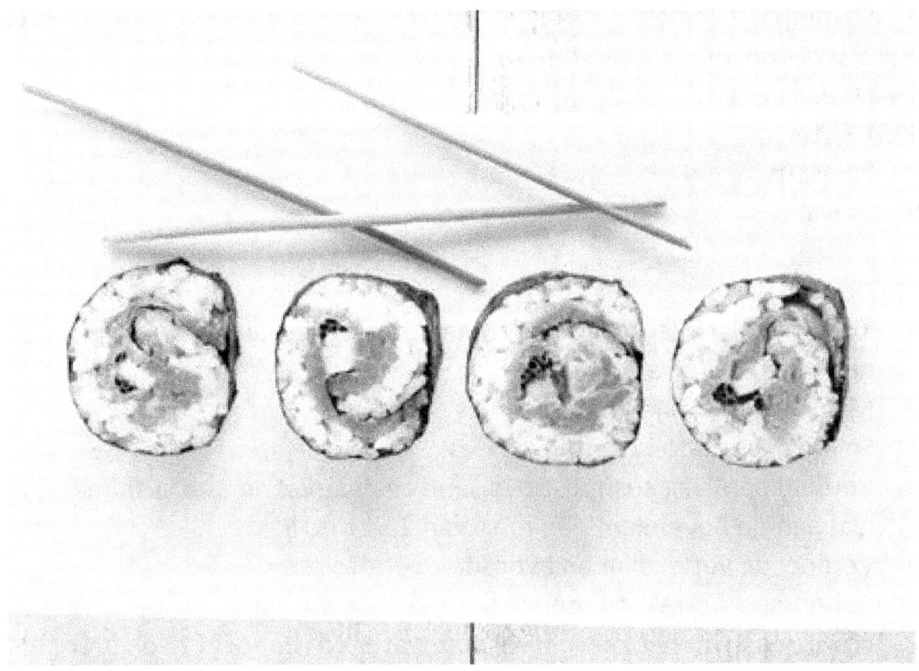

INGREDIËNTEN:
- ½ pond vette zalm
- Sushirijst, 2 kopjes
- 1 avocado
- Nori, 4 vellen

SERVEREN
- Sojasaus
- Wasabi

INSTRUCTIES:

a) Kook de sushirijst volgens de aanwijzingen op de verpakking en zet hem opzij om af te koelen.
b) Maak kleine plakjes vette zalm.
c) Snijd de avocado in dunne plakjes.
d) Verdeel een laag sushirijst over een zeewiervel op een sushimatje en laat aan de bovenkant een rand van 2,5 cm vrij.
e) Verdeel de vette zalm en avocado over de rijst.
f) Rol de sushi strak op met behulp van de sushimat en bevochtig de bovenrand van het zeewiervel met water om de rol af te dichten.
g) Serveer de rol in hapklare stukjes met sojasaus en wasabi.

55. Paling en avocadosushi

INGREDIËNTEN:
- Sushirijst, 2 kopjes
- ½ pond gekookte paling
- 1 avocado
- Nori, 4 vellen

SERVEREN
- Sojasaus
- Wasabi

INSTRUCTIES:
a) Kook de sushirijst volgens de aanwijzingen op de verpakking en zet hem opzij om af te koelen.
b) Gekookte paling moet in dunne plakjes worden gesneden.
c) Snijd de avocado in dunne plakjes.
d) Verdeel een laag sushirijst over een zeewiervel op een sushimatje en laat aan de bovenkant een rand van 2,5 cm vrij.
e) Schik de paling en avocado op de rijst.
f) Rol de sushi strak op met behulp van de sushimat en bevochtig de bovenrand van het zeewiervel met water om de rol af te dichten.
g) Serveer de rol in hapklare stukjes met sojasaus en wasabi.

56.Sushi van kreeft en kaviaar

INGREDIËNTEN:
- Sushirijst, 2 kopjes
- ½ pond gekookt kreeftenvlees
- 2 eetlepels kaviaar
- Nori, 4 vellen

SERVEREN
- Sojasaus
- Wasabi

INSTRUCTIES:
a) Kook de sushirijst volgens de aanwijzingen op de verpakking en zet hem opzij om af te koelen.
b) Gekookt kreeftenvlees moet in kleine stukjes worden gesneden.
c) Bestrijk de sushirijst met een dun laagje kaviaar.
d) Verdeel een laag sushirijst over een zeewiervel op een sushimatje en laat aan de bovenkant een rand van 2,5 cm vrij.
e) Schik het kreeftenvlees op de rijst.
f) Rol de sushi strak op met behulp van de sushimat en bevochtig de bovenrand van het zeewiervel met water om de rol af te dichten.
g) Serveer de rol in hapklare stukjes met sojasaus en wasabi.

57. Zwarte rijstsushirol met tofu en groenten

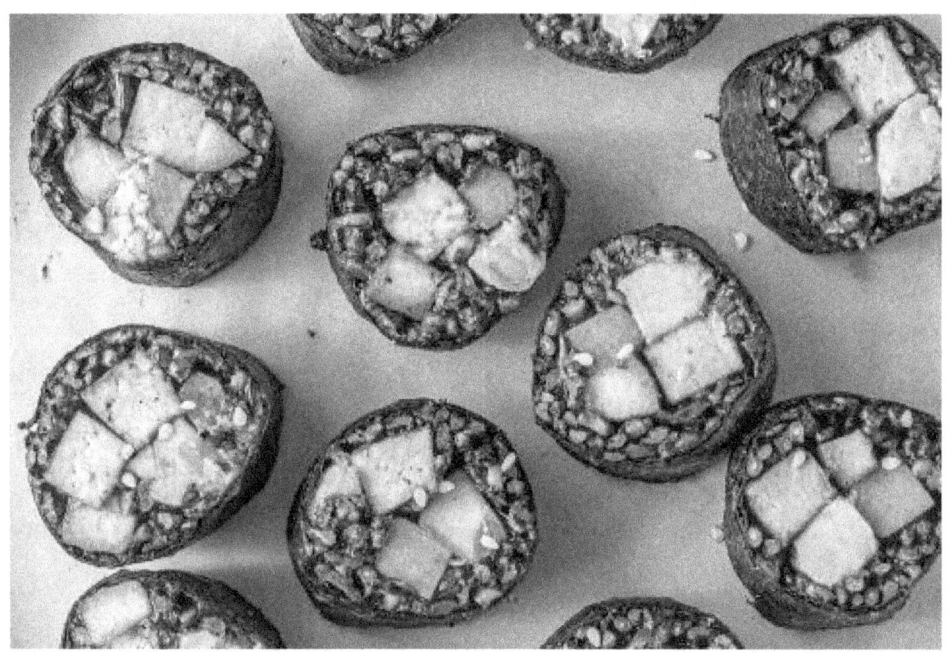

INGREDIËNTEN:
- 1 vel nori-zeewier
- ½ kopje zwarte rijst, gekookt
- ¼ kopje in blokjes gesneden stevige tofu
- julienne wortelen, ¼ kopje
- julienne komkommer, ¼ kopje
- Sesamzaad, 1 eetlepel

SERVEREN
- Sojasaus om te dippen

INSTRUCTIES:

a) Volg de aanwijzingen op de verpakking voor het koken van de zwarte rijst.
b) Bedek het nori-zeewier met de gekookte zwarte rijst en laat aan de bovenrand een rand van 2,5 cm vrij.
c) Leg de in blokjes gesneden tofu, de julienne wortelen en de julienne komkommer op de rijst.
d) Strooi er sesamzaadjes overheen.
e) Rol de sushi strak op met behulp van een sushimatje.
f) Serveer de sushi in stukjes met sojasaus om te dippen.

58.Sushibroodje met gegrilde paling en avocado

INGREDIËNTEN:
- 1 vel nori-zeewier
- ¼ avocado, in plakjes gesneden
- ½ kopje sushirijst
- 2 ons gegrilde paling, in plakjes gesneden
- unagi-saus, 1 eetlepel

SERVEREN
- Sojasaus om te dippen

INSTRUCTIES:
a) Bereid de sushirijst volgens de aanwijzingen op de verpakking.
b) Bedek het nori-zeewier met de gekookte rijst en laat een rand van 2,5 cm vrij aan de bovenrand.
c) Leg de gegrilde paling en avocadoplakken op de rijst.
d) Druppel de unagi-saus erover.
e) Rol de sushi strak op met behulp van een sushimatje.
f) Serveer de sushi in stukjes met sojasaus om te dippen.

59. Radijs en Groentensushibroodje

INGREDIËNTEN:
- Nori zeewiervellen
- Sushirijst
- Radijsjes, in dunne plakjes gesneden
- Wortelen, julienne
- Komkommer, julienne
- Avocado, gesneden
- Sojasaus om te dippen

INSTRUCTIES:
a) Leg een vel nori op een bamboe sushimatje.
b) Verdeel een laag sushirijst over de nori en laat aan de bovenkant een klein randje vrij.
c) Plaats radijsplakken, julienne wortelen, julienne komkommer en avocadoplakken in het midden van de rijst.
d) Rol de sushi strak op met behulp van het bamboematje.
e) Snijd het in hapklare stukken en serveer met sojasaus.

60.Tonijn en sojabonensushi

INGREDIËNTEN:
SUSHIRIJST:
- 2 rijstkokerkoppen Japanse kortkorrelige rijst
- 1 stuk kombu
- 4 Eetlepels rijstazijn
- Suiker, 2 eetlepels
- 1 Eetlepels zout
- Water

SUSHIBROLLENEN:
- 1 Perzische/Japanse komkommer
- 6,8 ons tonijn van sashimi-kwaliteit
- 1 doos gefermenteerde sojabonen
- 5 vellen nori

SERVEREN
- Sojasaus
- Wasabi
- Sushi-gember

INSTRUCTIES:
a) Spoel de rijst vele malen af om zoveel mogelijk zetmeel te verwijderen en laat hem vervolgens minimaal 30 minuten in water weken.
b) Kook de rijst in een rijstkoker met de juiste hoeveelheid water.
c) Meng in een kleine pan de rijstazijn, het zout en de suiker en breng op middelhoog vuur aan de kook, onder voortdurend roeren tot de suiker is opgelost. Laat afkoelen.
d) Doe de gekookte rijst in een bevochtigde schaal met platte bodem, roer de sushi-azijn erdoor en zet opzij.
e) Bedek de schaal met een vochtige doek en zet deze weg.
f) Om hosomaki te bereiden, snijdt u de komkommer in de lengte doormidden en vervolgens opnieuw doormidden.
g) Zodra de tonijn in stukken van 1/4 - 1/2 "is gesneden, snijdt u deze stukken in lange reepjes van 1/4 - 1/2" dik.
h) Breng natto op smaak met sojasaus of kruiden uit de verpakking en combineer tot het plakkerig is.
i) Combineer 1/4 kopje water en 1 eetlepel rijstazijn in een kleine kom. Doop je handen in het azijnwater om te voorkomen dat de rijst aan elkaar plakt.
j) Snij de langere zijde van het rechthoekige zeewier doormidden. Plaats het halve vel op de bamboe sushimat, met de glanzende kant naar beneden, met de langere zijde evenwijdig aan de kant van de mat die het dichtst bij je ligt. Laat aan de aangrenzende zijde 3-4 latten zichtbaar.
k) Maak de maatbeker nat met azijnwater en schep een half kopje in je natte hand. Verdeel de rijst over het linker midden van het norivel en laat een ruimte van 2,5 cm vrij langs de bovenrand.
l) Plaats één vulling in het midden van de rijst en rol de sushi eroverheen, waarbij u op de rand van de rijstlaag terechtkomt, terwijl u hem met uw vingers naar beneden houdt. Vorm de rol en trek deze lichtjes door de mat.
m) Nadat je de mat hebt verwijderd, rol je de sushi opnieuw op om de zeewierrand vast te zetten.
n) Snijd de rol in 6 delen en bevochtig het mes voortdurend met een vochtige doek.
o) Serveer met verschillende kruiden.

61. Wortellox en avocadosushi

INGREDIËNTEN:
VOOR DE SUSHIRIJST
- Zout, ½ theelepel
- 1 kop sushirijst, gekookt
- Rijstazijn, 1 theelepel
- Suiker, 1 theelepel

VOOR DE VULLING
- 1 kopje bereide wortellolly
- 1 eetlepel veganistische mayonaise
- Sriracha, 1 eetlepel
- ½ avocado, in plakjes gesneden
- 4 geroosterde nori-vellen

INSTRUCTIES:
a) Meng de sushirijst met suiker, zout en rijstazijn naar smaak.
b) Om de vulling te maken, klop je de veganistische mayo, sriracha en veganistische lox door elkaar.
c) Verdeel voor het samenstellen de afgekoelde rijst in vier helften.
d) Leg een norivel met de glanzende kant naar beneden op een in plastic verpakt matje.
e) Bevochtig uw vingers met water nadat u de rijst gelijkmatig over het norivel hebt verspreid om te voorkomen dat deze blijft plakken.
f) Snij de lod in vier gelijke stukken.
g) Voeg een paar plakjes avocado toe en een dunne lijn lox langs de kant die het dichtst bij je ligt, met het blootliggende uiteinde van je af gericht.
h) Rol de sushi met een stevige maar zachte grip op de mat.
i) Sluit het uiteinde af met water.
j) Snijd de sushi in acht stukken door hem doormidden te snijden en vervolgens elke helft doormidden te snijden.
k) Serveer op een bord.
l) Werk af met ingelegde gember, wasabi en sojasaus.

62. Bruine rijst groenterol

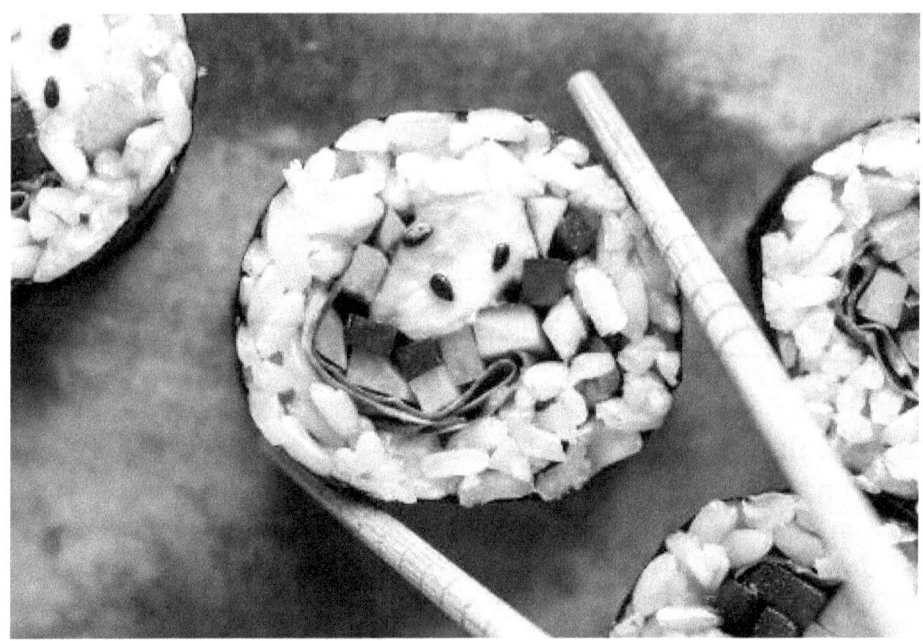

INGREDIËNTEN:
- 1 ½ kopje bruine basmatirijst
- 1 eetlepel rijstazijn
- Nori, 4 vellen
- 1 Engelse komkommer, in reepjes gesneden
- 1 ½ eetlepel sesamzaadjes
- 3 ½ kopje water
- 1 eetlepel honing
- ¾ avocado's
- 8 slablaadjes
- 1 kop wortel

INSTRUCTIES:
a) Was de rijst grondig en kook op laag vuur gedurende 30 tot 45 minuten.
b) Zet de gekookte rijst tien minuten opzij om te rusten.
c) Combineer honing en rijstazijn in een middelgrote mengkom.
d) Voeg de gekookte rijst toe aan dit mengsel en klop krachtig tot de rijstkorrels gelijkmatig bedekt zijn.
e) Om sushi of broodjes te bereiden, verdeelt u de gekookte rijst gelijkmatig over een stuk nori.
f) Combineer voor de rijst twee slablaadjes, avocado's, wortels en een komkommer.
g) Meng er wat geroosterde sesamzaadjes door.
h) Rol het vel op tot een rol en zorg ervoor dat alle ingrediënten goed verpakt zijn.
i) Rol naar het einde.
j) Snijd de broodjes in plakjes en serveer met je favoriete augurken en specerijen.

63. Sushibroodje met Quinoa en Avocado

INGREDIËNTEN:
- 1 vel nori-zeewier
- ½ kopje gekookte quinoa
- ¼ avocado, in plakjes gesneden
- ¼ kopje julienne wortelen
- ¼ kopje julienne komkommer
- Sesamzaad, 1 eetlepel

SERVEREN
- Sojasaus om te dippen

INSTRUCTIES:
a) Bedek het nori-zeewier met de gekookte quinoa en laat aan de bovenrand een rand van 2,5 cm vrij.
b) Leg bovenop de quinoa de gesneden avocado, julienne wortelen en julienne komkommer.
c) Strooi er sesamzaadjes overheen.
d) Rol de sushi strak op met behulp van een sushimatje.
e) Serveer de sushi in stukjes met sojasaus om te dippen.

64. Radijs en Komkommer Sushi Rollen

INGREDIËNTEN:
- Nori zeewiervellen
- Sushirijst
- Radijsjes, in dunne plakjes gesneden
- Komkommer, julienne
- Gepekelde gember
- Sojasaus om te dippen

INSTRUCTIES:
a) Leg een vel nori op een bamboe sushimatje.
b) Verdeel een laag sushirijst over de nori en laat aan de bovenkant een klein randje vrij.
c) Leg de plakjes radijs en de julienne komkommer in het midden van de rijst.
d) Rol de sushi strak op met behulp van het bamboematje.
e) Snijd in hapklare stukjes en serveer met ingelegde gember en sojasaus.

SUSHI-KOMMEN

65.Dynamiet Sint-Jakobsschelp Sushi Schaal

INGREDIËNTEN:

- 2 kopjes (400 g) bereide traditionele sushirijst
- 2 theelepels gehakte groene uien (lente-uitjes), alleen groene delen
- ¼ Engelse komkommer (Japanse komkommer), zonder zaadjes en in kleine blokjes gesneden
- 2 imitatie krabsticks, beenstijl, versnipperd
- 250 g verse laurierschelpen, gepeld, gekookt en warm gehouden
- 4 flinke eetlepels Pittige Mayonaise of meer naar smaak
- 2 theelepels geroosterde sesamzaadjes

INSTRUCTIES:

a) Bereid de Sushirijst en Pikante Mayonaise.

b) Verzamel 4 martiniglazen. Plaats ½ theelepel gehakte groene uien op de bodem van elk glas.

c) Doe de sushirijst en de in blokjes gesneden komkommer in een kleine kom. Goed mengen.

d) Maak uw vingertoppen nat voordat u het rijst-komkommermengsel over elk glas verdeelt. Maak het oppervlak van de rijst voorzichtig plat.

e) Verdeel de geraspte krabstick over de glaasjes. Voeg ¼ van de warme sint-jakobsschelpen toe aan elk glas.

f) Schep een flinke eetlepel Pittige Mayonaise over de inhoud van elk glas. Gebruik een kookbrander om de pittige mayonaise dicht te schroeien tot hij bubbelt, ongeveer 15 seconden.

g) Strooi voor het serveren een halve theelepel geroosterde sesamzaadjes over de bovenkant van elk glas.

66. Sushikom met ham en perzik

INGREDIËNTEN:
- 2 kopjes bereide traditionele sushirijst
- 1 grote perzik, zonder zaadjes en in 12 partjes gesneden
- ½ kopje Sushirijstdressing
- ½ theelepel knoflook-chilisaus
- Scheutje donkere sesamolie
- 4 ons prosciutto, in dunne reepjes gesneden
- 1 bosje waterkers, dikke stengels verwijderd

INSTRUCTIES:
a) Bereid de Sushirijst en extra Sushi Rijstdressing voor.
b) Doe de perzikpartjes in een middelgrote kom. Voeg de sushirijstdressing, knoflook-chilisaus en donkere sesamolie toe. Meng de perziken goed door de marinade voordat u ze afdekt. Laat de perziken minimaal 30 minuten en maximaal 1 uur op kamertemperatuur in de marinade staan.
c) Verzamel 4 kleine serveerschalen. Maak uw vingertoppen nat voordat u ½ kopje (100 g) van de bereide sushirijst in elke kom doet. Maak het oppervlak van de rijst voorzichtig plat. Verdeel de toppings gelijkmatig in een aantrekkelijk patroon over de bovenkant van elke kom, zodat u 3 perzikplakken per portie kunt gebruiken. (Je kunt het grootste deel van de vloeistof uit de perziken laten lopen voordat je ze in de kommen doet, maar dep ze niet droog.)
d) Serveer met een vork en sojasaus om te dippen, indien gewenst.

67. Oranje Sushibekers

INGREDIËNTEN:

- 1 kop bereide traditionele sushirijst
- 2 pitloze navelsinaasappelen
- 2 theelepels geplukte pruimenpasta
- 2 theelepels geroosterde sesamzaadjes
- 4 grote shisoblaadjes of basilicumblaadjes
- 4 theelepels gehakte groene uien, alleen groene delen
- 4 imitatie krabsticks, pootstijl
- 1 vel nori

INSTRUCTIES:

1. Bereid de sushirijst voor.
2. Snij de sinaasappels kruislings doormidden. Verwijder een klein plakje van de onderkant van elke helft, zodat elk stuk plat op de snijplank ligt. Gebruik een lepel om de binnenkant van elke helft te verwijderen. Bewaar eventuele sappen, pulp en partjes voor ander gebruik, zoals Ponzu-saus.
3. Dompel uw vingertoppen in water en doe ongeveer 2 eetlepels van de bereide sushirijst in elke oranje kom.
4. Smeer ½ theelepel van de gepekelde pruimenpasta over de rijst. Voeg nog eens 2 eetlepels rijst toe aan elk van de kommen. Strooi ½ theelepel geroosterde sesamzaadjes over de rijst.
5. Stop een shisoblad in de hoek van elke kom. Schep 1 theelepel groene uien voor de shisoblaadjes in elke kom. Neem de imitatiekrabsticks en wrijf ze tussen je handpalmen om ze te versnipperen of gebruik een mes om ze in flarden te snijden. Stapel één stokje krab op elke kom.
6. Om te serveren snij je de nori met een mes in lucifersnippers. Beleg elke kom met enkele nori-snippers. Serveer met sojasaus.

68.Roerbak Sushi Schaal

INGREDIËNTEN:

- 1½ kopjes Sushirijst
- 4 grote blaadjes botersla
- ½ kopje geroosterde pinda's, grof gehakt
- 4 theelepels gehakte groene uien, alleen groene delen
- 4 grote shiitake-paddenstoelen, stengels verwijderd en in dunne plakjes gesneden
- Pittige Tofumix
- ½ wortel, spiraalvormig gesneden of geraspt

INSTRUCTIES:

a) Bereid de Sushirijst en Pittige Tofu Mix.
b) Schik de boterslablaadjes op een dienblad.
c) Roer de bereide sushirijst, geroosterde pinda's, gehakte groene uien en plakjes shiitake-paddenstoelen door elkaar in een middelgrote kom.
d) Verdeel de gemengde rijst over de slakommetjes.
e) Verpak de rijst voorzichtig in de slakom.
f) Verdeel het Spicy Tofu Mengsel over de slakommen.
g) Bestrijk elk gerecht met een paar wortelwervelingen of -snippers.
h) Serveer de roerbakkommen met wat gezoete sojasiroop.

69. Sushikom met ei, kaas en groene bonen

INGREDIËNTEN:
- 1½ kopjes bereide traditionele sushirijst
- 10 sperziebonen, geblancheerd en in reepjes gesneden
- 1 Japans omeletvel, in reepjes gesneden
- 4 eetlepels geitenkaas, verkruimeld
- 2 theelepels gehakte groene uien, alleen groene delen

INSTRUCTIES:
1. Bereid het sushirijst- en Japanse omeletvel voor.
2. Maak uw vingertoppen nat voordat u ¾ kopje sushirijst aan elke kom toevoegt.
3. Maak het oppervlak van de rijst in elke kom voorzichtig plat.
4. Verdeel de sperziebonen, omelet-eiersnippers en geitenkaas in een mooi patroon over de 2 kommen.
5. Strooi voor het serveren 1 theelepel groene uien in elke kom.

70.Perzik Sushi Schaal

INGREDIËNTEN:
- 2 kopjes bereide traditionele sushirijst
- 1 grote perzik, zonder zaadjes en in 12 partjes gesneden
- ½ kopje Sushirijstdressing
- ½ theelepel knoflook-chilisaus
- Scheutje donkere sesamolie
- 1 bosje waterkers, dikke stengels verwijderd

OPTIONELE TOPPINGEN
- Avocado
- Zalm
- Tonijn

INSTRUCTIES:
1. Bereid de Sushirijst en extra Sushi Rijstdressing voor.
2. Doe de perzikpartjes in een middelgrote kom. Voeg de sushirijstdressing, knoflook-chilisaus en donkere sesamolie toe.
3. Meng de perziken goed door de marinade voordat u ze afdekt.
4. Laat de perziken minimaal 30 minuten en maximaal 1 uur op kamertemperatuur in de marinade staan.
5. Maak uw vingertoppen nat voordat u een ½ kopje van de bereide sushirijst in elke kom doet.
6. Maak het oppervlak van de rijst voorzichtig plat.
7. Verdeel de toppings gelijkmatig in een aantrekkelijk patroon over de bovenkant van elke kom, zodat u 3 perzikplakken per portie kunt gebruiken.
8. Serveer met een vork en sojasaus om te dippen.

71. Ratatouille Sushikom

INGREDIËNTEN:
- 2 kopjes bereide traditionele sushirijst
- 4 grote tomaten, geblancheerd en gepeld
- 1 eetlepel gehakte groene ui, alleen groene delen
- ½ kleine Japanse aubergine, geroosterd en in kleine blokjes gesneden
- 4 eetlepels gebakken uien
- 2 eetlepels Sesamnoedeldressing

INSTRUCTIES:
a) Bereid de sushirijst- en sesamnoedeldressing.
b) Doe de sushirijst, groene uien, aubergine, gebakken uien en sesamnoedeldressing in een middelgrote kom en meng goed.
c) Snijd van elke tomaat de bovenkant af en schep het midden eruit.
d) Schep ½ kopje van het gemengde sushirijstmengsel in elke tomatenkom.
e) Gebruik de achterkant van de lepel om de rijst voorzichtig plat te maken.
f) Serveer de tomatenkommen met een vork.

72.Krokant gebakken tofu sushi schaal

INGREDIËNTEN:
- 4 kopjes bereide traditionele sushirijst
- 6 ons stevige tofu, in dikke plakjes gesneden
- 2 eetlepels aardappelzetmeel of maizena
- 1 groot eiwit, gemengd met 1 theelepel water
- ½ kopje broodkruimels
- 1 theelepel donkere sesamolie
- 1 theelepel bakolie
- ½ theelepel zout
- Eén wortel, in 4 luciferstokjes gesneden
- ½ avocado, in dunne plakjes gesneden
- 4 eetlepels maïskorrels, gekookt
- 4 theelepels gehakte groene uien, alleen groene delen
- 1 nori, in dunne reepjes gesneden

INSTRUCTIES:
1. Bereid de sushirijst voor.
2. Leg de plakjes tussen lagen keukenpapier of schone theedoeken en plaats er een zware kom bovenop.
3. Laat de tofuplakken minimaal 10 minuten uitlekken.
4. Verwarm uw oven tot 375 ° F.
5. Haal de uitgelekte tofuplakjes door het aardappelzetmeel.
6. Doe de plakjes in het eiwitmengsel en draai ze zodat ze bedekt zijn.
7. Meng de panko, donkere sesamolie, zout en bakolie in een middelgrote kom.
8. Druk lichtjes een deel van het panko-mengsel op elk van de tofuplakjes.
9. Leg de plakjes op een bakplaat bedekt met bakpapier.
10. Bak gedurende 10 minuten en draai de plakjes dan om.
11. Bak nog eens 10 minuten, of tot de panko-coating knapperig en goudbruin is.
12. Haal de plakjes uit de oven en laat ze iets afkoelen.
13. Verzamel 4 kleine serveerschalen. Maak uw vingertoppen nat voordat u ¾ kopje sushirijst aan elke kom toevoegt.
14. Maak het oppervlak van de rijst in elke kom voorzichtig plat. Verdeel de plakjes panko-tofu over de 4 kommen.
15. Voeg ¼ van de wortelluciferstokjes toe aan elke kom.
16. Doe ¼ van de avocadoplakken in elke kom. Schep 1 eetlepel maïskorrels op elke kom.
17. Strooi voor het serveren ¼ van de norireepjes over elke kom. Serveer met gezoete sojasiroop of sojasaus.

73. Avocado-sushikom

INGREDIËNTEN:
- 1½ kopjes bereide traditionele sushirijst
- ¼ kleine jicama, geschild en in luciferstokjes gesneden
- ½ jalapeño chilipeper, zaadjes verwijderd en grof gesneden
- Sap van ½ limoen
- 4 eetlepels Sushirijstdressing
- ¼ avocado, geschild, zonder zaadjes en in dunne plakjes gesneden
- 2 verse koriandertakjes, voor garnering

INSTRUCTIES:
1. Bereid de Sushirijst en Sushirijstdressing voor.
2. Meng de jicama-luciferstokjes, gehakte jalapeño, limoensap en sushirijstdressing in een kleine, niet-metalen kom. Laat de smaken minimaal 10 minuten vermengen.
3. Giet de vloeistof uit het jicama-mengsel.
4. Maak uw vingertoppen nat voordat u ¾ kopje sushirijst aan elke kom toevoegt.
5. Maak het oppervlak van de rijst voorzichtig plat.
6. Schep ½ van de gemarineerde jicama op elke kom.
7. Verdeel de avocadoplakken over de 2 kommen en leg ze elk in een aantrekkelijk patroon over de rijst.
8. Om te serveren, beleg elke kom met een vers koriandertakje en Ponzu-saus.

74.Rijstkom met zeewier

INGREDIËNTEN:
- 1 ei
- Dun gesneden nori, zoals vereist
- Dashi, een snuifje
- ½ theelepel Mirin
- ½ theelepel sojasaus
- MSG, een snuifje
- Furikake, zoals vereist
- 1 kopje gekookte witte rijst

INSTRUCTIES:
a) Doe de rijst in een kom en maak een ondiepe schep in het midden.
b) Breek het hele ei in het midden.
c) Breng op smaak met een halve theelepel sojasaus, een snufje zout, een snufje MSG, een halve theelepel mirin en een snufje Dashi.
d) Roer krachtig met stokjes om het ei op te nemen; het moet lichtgeel, schuimig en luchtig van structuur worden.
e) Proef en pas indien nodig de kruiden aan.
f) Bestrooi met furikake en nori, maak er een klein schepje bovenop en voeg de overige eierdooier toe.
g) Je gerecht is klaar om geserveerd te worden.

75. Pittige Kreeft Sushi Schaal

INGREDIËNTEN:

- 1½ kopjes (300 g) bereide traditionele sushirijst
- 1 theelepel fijn geraspte verse gemberwortel
- Eén gestoomde kreeftenstaart van 250 g, de schaal verwijderd en in medaillons gesneden
- 1 kiwi, geschild en in dunne plakjes gesneden
- 2 theelepels gehakte groene uien (lente-uitjes), alleen groene delen
- Handvol spiraalvormig gesneden daikon-radijs
- 2 verse koriandertakjes (korianderreepjes)
- 2 eetlepels Drakensap of meer naar smaak

INSTRUCTIES:

a) Bereid de sushirijst en het drakensap.
b) Maak uw vingertoppen nat voordat u de sushirijst over twee kleine serveerschalen verdeelt. Maak het oppervlak van de rijst in elke kom voorzichtig plat. Gebruik een lepel om ½ theelepel geraspte verse gemberwortel over de rijst in elke kom te verdelen.
c) Verdeel de kreeftmedaillons en de kiwi in tweeën. Wissel de ene helft van de plakjes kreeft af met de andere helft van de plakjes kiwi over de rijst in een kom, maar laat een kleine ruimte onbedekt. Herhaal het patroon in de andere kom. Verzamel 1 theelepel gehakte groene uien aan de voorkant van elke kom. Verdeel de spiraalvormig gesneden daikon-radijs over de twee kommen en vul de lege ruimte.
d) Om te serveren, steekt u in elke kom een vers koriandertakje voor de daikon-radijs. Schep 1 eetlepel Dragon Juice over de kreeft en kiwi in elke kom.

76.Sushi Schaal met gegrilde korte ribben

INGREDIËNTEN:

- 2 kopjes (400 g) Traditionele sushirijst, Snel en gemakkelijk Sushirijst in de magnetron of bruine sushirijst
- 500 g varkensribbetjes zonder botten
- 2 eetlepels ruwe suiker of lichtbruine suiker
- 1 eetlepel rijstazijn
- 2 eetlepels bakolie
- 2 theelepels sojasaus
- ½ theelepel gehakte knoflook
- 2 eetlepels gehakte gekristalliseerde gember
- ½ avocado, geschild, zonder zaadjes en in dunne plakjes gesneden
- ¼ Engelse komkommer (Japanse komkommer), zonder zaadjes en in luciferstokjes gesneden
- ¼ kopje (60 g) gedroogde mango, in dunne reepjes gesneden

INSTRUCTIES:

a) Bereid de sushirijst voor.
b) Wrijf de korte ribben in met de suiker. Meng de rijstazijn, bakolie, sojasaus en gehakte knoflook in een middelgrote kom. Plaats de ribben in de kom en draai ze meerdere keren zodat ze bedekt zijn. Dek ze af en laat ze 30 minuten marineren.
c) Verwarm uw grill tot 260°C (500°F). Plaats de korte ribben op een grillpan of bakplaat. Rooster ongeveer 5 minuten per kant. Haal de shortribs uit de bakplaat en laat ze afkoelen. Snijd de korte ribben in stukken van ½ inch (1,25 cm). (Als de korte ribben botten hebben, verwijder dan het vlees van de botten.)
d) Verzamel 4 kleine serveerschalen. Maak uw vingertoppen nat voordat u ½ kopje (100 g) sushirijst in elke kom doet. Maak het oppervlak van de rijst voorzichtig plat. Strooi ½ eetlepel van de gehakte gekristalliseerde gember over de rijst. Verdeel de shortribs over de 4 kommen.
e) Verdeel ¼ van de avocadoplakken, komkommerluciferstokjes en mangoreepjes in een aantrekkelijk patroon over de rijstkom.
f) Serveer indien gewenst met gezoete sojasiroop.

77.Sushikom met verse zalm en avocado

INGREDIËNTEN:
- 1½ kopjes (300 g) bereide traditionele sushirijst
- ¼ kleine jicama, geschild en in luciferstokjes gesneden
- ½ jalapeño chilipeper, zaadjes verwijderd en grof gesneden
- Sap van ½ limoen
- 4 eetlepels Sushirijstdressing
- 200 g verse zalm, in plakjes gesneden
- ¼ avocado, geschild, zonder zaadjes en in dunne plakjes gesneden
- 2 flinke eetlepels zalmkuit (ikura), optioneel
- 2 verse koriandertakjes, voor garnering

INSTRUCTIES:
a) Bereid de Sushirijst en Sushirijstdressing voor.
b) Meng de jicama-luciferstokjes, gehakte jalapeño, limoensap en sushirijstdressing in een kleine, niet-metalen kom. Laat de smaken minimaal 10 minuten vermengen. Giet de vloeistof uit het jicama-mengsel.
c) Verzamel 2 kleine kommen. Maak uw vingertoppen nat voordat u ¾ kopje (150 g) sushirijst aan elke kom toevoegt. Maak het oppervlak van de rijst voorzichtig plat. Schep ½ van de gemarineerde jicama op elke kom. Verdeel de plakjes zalm en avocado over de 2 kommen en leg ze elk in een aantrekkelijk patroon over de rijst. Voeg, indien gebruikt, 1 flinke eetlepel zalmkuit toe aan elke kom.
d) Om te serveren, beleg elke kom met een vers koriandertakje en Ponzu-saus. sojasaus.

GEPERST, GUNKAN EN NIGIRI SUSHI

78. Granaatappel & Donkere Chocolade Nigiri

INGREDIËNTEN:
- 1 kopje granaatappelpitjes
- Pure chocolade, gesmolten
- Sushirijst
- Nori stript

INSTRUCTIES:
a) Vorm sushirijst in kleine rechthoeken zodat het op nigiri lijkt.
b) Druk de granaatappelpitjes op de rijst.
c) Druppel gesmolten pure chocolade erover.
d) Laat afkoelen tot de chocolade hard wordt.

79.Avocado en Granaatappel Nigiri

INGREDIËNTEN:
- 1½ kopjes Traditionele Sushirijst
- 1 eetlepel granaatappelmelasse
- 1 theelepel Ponzu-saus
- ½ avocado, in 16 dunne plakjes gesneden
- 1 vel nori
- 2 theelepels granaatappelpitjes

INSTRUCTIES:
a) Bereid de sushirijst voor.
b) Roer de granaatappelmelasse en de ponzusaus door elkaar in een kleine kom.
c) Dompel uw vingertoppen in water en spat wat in uw handpalmen.
d) Knijp een balletje sushirijst ter grootte van een walnoot, ongeveer 2 eetlepels, in je hand tot een mooi rechthoekig rijstbed.
e) Knip 8 stroken kruislings uit het norivel.
f) Reserveer de resterende nori voor ander gebruik. Beleg elk rijstbedje met 2 plakjes avocado.
g) Zet ze vast met een nori-strip "veiligheidsgordel".
h) Om te serveren, schikt u de stukken op een serveerschaal.
i) Schep wat van het granaatappelmengsel over elk stuk en bestrooi met een paar granaatappelpitjes.

80. Shiitake Nigiri

INGREDIËNTEN:
- 1½ kopjes bereide traditionele sushirijst
- 8 kleine shiitake-paddenstoelen, steeltjes verwijderd
- Olie om te koken
- 1 vel nori
- 2 eetlepels Sesamnoedeldressing
- 1 theelepel geroosterde sesamzaadjes

INSTRUCTIES:
a) Bereid de sushirijst- en sesamnoedeldressing.
b) Kerf de bovenkant van elke paddenstoel in met een mes.
c) Verhit voldoende olie op de bodem van een grote koekenpan zodat deze volledig bedekt is.
d) Voeg de champignons toe en kook ze zachtjes zodat de geur vrijkomt.
e) Haal uit de koekenpan en laat afkoelen.
f) Dompel uw vingertoppen in water en spat wat in uw handpalmen.
g) Knijp een balletje sushirijst ter grootte van een walnoot, ongeveer 2 eetlepels, in je hand tot een mooi rechthoekig rijstbed.
h) Knip 8 stroken kruislings uit het norivel.
i) Reserveer de resterende nori voor ander gebruik.
j) Beleg elk rijstbedje met 1 champignon.
k) Leg voor de variatie de helft van de champignons op rijstbedden met de onderkant naar boven.
l) Zet de champignons vast met een nori-strookje "veiligheidsgordel".
m) Om te serveren, schikt u de stukken champignonsushi op een serveerschaal.
n) Schep wat van de Sesame Noodle Dressing over elk stuk en bestrooi met sesamzaadjes.

81.Aardbeienkwarktaart Nigiri

INGREDIËNTEN:
- 1 kopje graham crackerkruimels
- 1/2 kopje roomkaas, verzacht
- 1/4 kop poedersuiker
- Verse aardbeien, in plakjes gesneden
- Nori (zeewier)reepjes

INSTRUCTIES:
a) Meng de crackerkruimels, roomkaas en poedersuiker in een kom tot alles goed gemengd is.
b) Vorm kleine rechthoeken van het mengsel zodat het op nigiri lijkt.
c) Plaats elke graham cracker-rechthoek op een klein stukje nori.
d) Werk af met een schijfje verse aardbei.
e) Koel Serveren.

82. Gerookte Tofu Nigiri

INGREDIËNTEN:

- 1½ kopjes bereide traditionele sushirijst
- 16 ons verpakte tofu, uitgelekt van de verpakkingsvloeistof
- ½ kopje Tempurasaus
- 1 vel nori
- 4 eetlepels Sushirijstdressing
- ½ theelepel donkere sesamolie
- ½ theelepel knoflook-chilisaus

INSTRUCTIES:

a) Bereid de sushirijst en tempurasaus.
b) Doe een handvol rookchips in water om te laten weken.
c) Doe de tofu in een kleine kom en voeg de Tempurasaus toe.
d) Draai het een paar keer om te coaten. Laat de tofu ongeveer 10 minuten marineren.
e) Verwarm uw buitengrill. Wikkel de geweekte houtsnippers in aluminiumfolie.
f) Prik meerdere keren in de aluminiumfolie met een paar eetstokjes.
g) Voeg het foliepakket toe aan de grill.
h) Wanneer het begint te roken, leg je de gemarineerde tofu op de grillroosters en sluit je het grilldeksel. Rook de tofu gedurende 20 minuten.
i) Haal het van de grill en laat het volledig afkoelen.
j) Dompel uw vingertoppen in water en spat wat in uw handpalmen.
k) Knijp een balletje sushirijst ter grootte van een walnoot, ongeveer 2 eetlepels, in je hand tot een mooi rechthoekig rijstbed.
l) Snij de gerookte tofu kruislings in dikke plakken.
m) Knip 8 stroken kruislings uit het norivel.
n) Reserveer de resterende nori voor ander gebruik.
o) Beleg elk rijstbedje met 1 plakje gerookte tofu.
p) Zet de plakjes vast met een nori-strookje "veiligheidsgordel".
q) Om te serveren, schikt u de gerookte sushi-stukjes op een serveerschaal.
r) Meng de sushirijstdressing, donkere sesamolie en knoflook-chilisaus in een kleine schaal.
s) Bestrijk een deel van het mengsel over elk stuk gerookte tofu.

83. Radijs en Tonijn Sushi Nigiri

INGREDIËNTEN:
- Sushirijst
- Radijsjes, in dunne plakjes gesneden
- Verse tonijn, in dunne plakjes gesneden
- Sojasaus om te dippen

INSTRUCTIES:
a) Neem een kleine hoeveelheid sushirijst en vorm deze tot een klein rechthoekig blok.
b) Leg een plakje radijs op het rijstblok.
c) Beleg de radijs met een plakje verse tonijn.
d) Herhaal met de overige ingrediënten.
e) Serveer de sushi nigiri met sojasaus om te dippen.

SUSHI HANDROLLENEN/TEMAKI

84. Mango Kleefrijst Maki

INGREDIËNTEN:
- 1 kopje kleefrijst, gekookt en afgekoeld
- 1 rijpe mango, in dunne reepjes gesneden
- Kokosmelk
- Nori-bladen
- Sesamzaad (optioneel)

INSTRUCTIES:
a) Leg een vel nori op een bamboe sushirolmatje.
b) Verdeel een laagje kleefrijst over de nori.
c) Leg mangoreepjes langs één rand van de rijst.
d) Giet kokosmelk over de mango.
e) Rol de sushi strak op en snij in stukken.
f) Strooi eventueel sesamzaadjes erover.

85.Plantaardige Tempura Handrollenetjes

INGREDIËNTEN:
- 1 kop bereide traditionele sushirijst
- Basis veganistisch Tempura beslag
- Olie om te frituren
- 16 sperziebonen, puntjes en snaren verwijderd, geblancheerd
- 4 eetlepels aardappelzetmeel of maizena
- 4 vellen nori
- 4 theelepels geroosterde sesamzaadjes
- 4 theelepels fijn geraspte daikon-radijs
- 1 theelepel fijn geraspte verse gemberwortel
- ¼ rode paprika, in luciferstokjes gesneden
- 4 stuks groene uien, witte delen weggesneden

INSTRUCTIES:
a) Bereid de Sushirijst en het Basis Tempurabeslag.
b) Verhit olie in een koekenpan tot 350 ° F.
c) Doop de sperziebonen in het aardappelzetmeel en schud het teveel weg. Roer de sperziebonen door het Basis Tempura Beslag voordat je ze aan de hete olie toevoegt.
d) Bak tot het beslag goudbruin is, ongeveer 2 minuten. Laat uitlekken op een rooster.
e) Leg 1 vel nori over je linkerhandpalm met de ruwe kant naar boven. Druk 4 eetlepels bereide sushirijst op de linker ⅓ van de nori.
f) Strooi 1 theelepel sesamzaadjes over de rijst. Smeer 1 theelepel daikon-radijs en ¼ theelepel verse gemberwortel over de rijst.
g) Schik 4 sperziebonen in een dubbele lijn in het midden van de rijst. Beleg met ¼ van de rode paprika-luciferstokjes en 1 stuk groene ui.
h) Neem de linkeronderhoek van de nori en vouw deze over de vulling naar boven.
i) Rol de rol naar beneden en vorm een strakke kegel totdat alle nori eromheen is gewikkeld.

86. Handrollenetjes met spek

INGREDIËNTEN:
- 1 kop bereide traditionele sushirijst
- 4 sojapapier of nori
- 8 reepjes vegan spek, gekookt
- 1 Romaine sla, in dunne reepjes gesneden
- ½ tomaat, in 8 partjes gesneden
- ¼ avocado, in 4 partjes gesneden
- 4 eetlepels gezoete sojasiroop of meer naar smaak
- 4 theelepels sesamzaadjes, geroosterd

INSTRUCTIES:
a) Bereid de sushirijst en de gezoete sojasiroop.
b) Leg 1 vel sojabonenpapier over je linkerhandpalm. Druk 4 eetlepels Sushirijst op de linker ⅓ van het sojapapier.
c) Leg 2 reepjes spek in het midden van de rijst. Bestrijk met ¼ van de gesneden Romaine. Voeg 2 tomatenpartjes en 1 avocadopartje toe.
d) Sprenkel 1 eetlepel gezoete sojasiroop over de vullingen. Bestrooi met 1 theelepel sesamzaadjes.
e) Neem de linkeronderhoek van het sojabonenpapier en vouw het over de vulling naar boven.
f) Rol de rol naar beneden en vorm een strakke kegel totdat al het sojapapier om de kegel is gewikkeld.
g) Serveer de broodjes direct.

87.Pindakaas & Banaan Temaki

INGREDIËNTEN:
- 4 nori-vellen
- 2 bananen, in plakjes gesneden
- 1/2 kopje pindakaas
- 1/4 kopje honing
- Gemalen pinda's ter garnering

INSTRUCTIES:
a) Verdeel pindakaas op elk norivel.
b) Leg de plakjes banaan langs één rand.
c) Druppel honing over de bananen.
d) Rol het in een kegelvorm en strooi er gemalen pinda's overheen.

88. Handrollenetjes boerenkoolchips

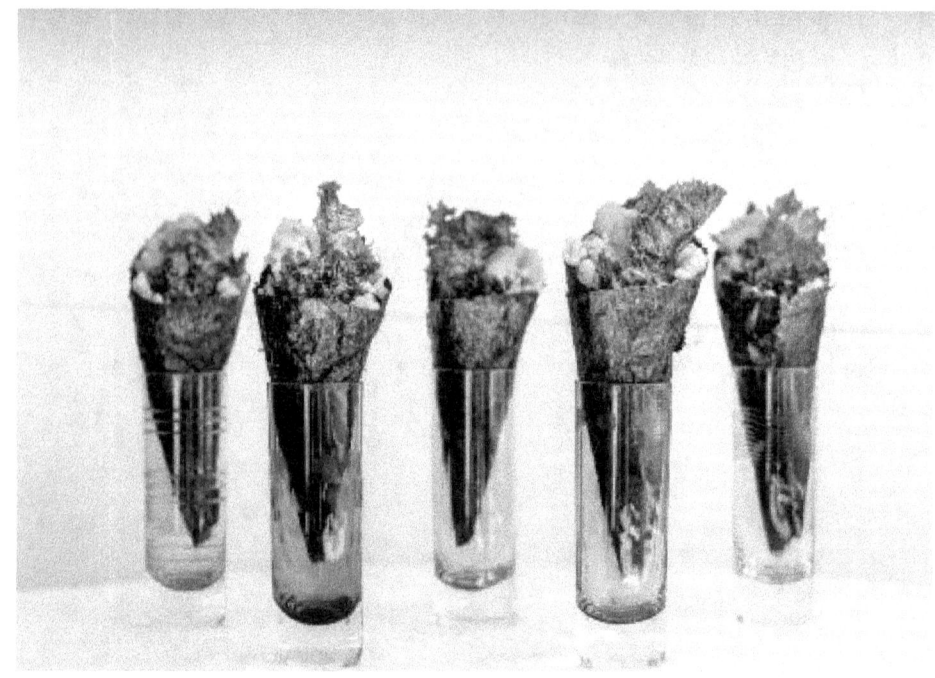

INGREDIËNTEN:

- 1 kopje bereide traditionele sushirijst
- 1 klein bosje boerenkool, gewassen en gedroogd
- 1 eetlepel bakolie
- ½ theelepel rode peperpoeder
- 4 vellen nori
- 2 eetlepels gekristalliseerde gember, gehakt
- ½ kleine, zure groene appel, geschild en in luciferstokjes gesneden
- 1 wortel, in luciferstokjes gesneden
- 4 eetlepels Pindasaus of meer naar smaak
- 4 theelepels gehakte groene uien

INSTRUCTIES:

a) Bereid de sushirijst en pindasaus.
b) Verwarm een oven tot 350 ° F.
c) Verwijder eventuele harde stengels en ribben uit de boerenkool.
d) Leg de boerenkool op een metalen bakplaat bedekt met bakpapier.
e) Sprenkel de olie erover en roer het met je handen rond om goed te mengen.
f) Strooi het rode peperpoeder en zeezout aan beide kanten van de boerenkool.
g) Verdeel de boerenkool in een enkele, dunne laag.
h) Bak gedurende 12 minuten en draai de boerenkoolchips halverwege om.
i) Leg 1 vel nori op je linkerhandpalm met de ruwe kant naar boven.
j) Druk 4 eetlepels van de bereide sushirijst op de linker ⅓ van de nori.
k) Strooi ½ eetlepel van de gekristalliseerde gember over de rijst.
l) Doe ¼ van de boerenkoolchips in het midden van de rijst.
m) Voeg ¼ van de Granny Smith-appelluciferstokjes en ¼ van de wortelluciferstokjes toe.
n) Schep 1 eetlepel pindasaus, of meer naar smaak, over de vulling.
o) Strooi 1 theelepel groene uien erover.
p) Neem de linkeronderhoek van de nori en vouw deze over de vulling.
q) Rol de rol naar beneden en vorm een strakke kegel totdat alle nori eromheen is gewikkeld.

89. Kimchee en tomatenhandrollenetjes

INGREDIËNTEN:
- 1 kop bereide traditionele sushirijst
- 4 vellen nori
- 4 reepjes kimchee of meer naar smaak, grof gesneden
- ½ tomaat, in 8 partjes gesneden

INSTRUCTIES:
a) Bereid de sushirijst voor.
b) Leg 1 vel nori op je linkerhandpalm met de ruwe kant naar boven.
c) Druk 4 eetlepels sushirijst op de linker ⅓ van de nori.
d) Voeg 1 eetlepel kimchee toe in het midden van de rijst.
e) Leg 2 van de tomatenpartjes over de andere vullingen.
f) Neem de linkeronderhoek van de nori en vouw deze over de vulling.
g) Rol de rol naar beneden en vorm een strakke kegel totdat alle nori eromheen is gewikkeld.

90.Kokos Mango Temaki

INGREDIËNTEN:
- 4 nori-vellen
- 1 kop sushirijst
- 1 rijpe mango, in plakjes gesneden
- Gezoete geraspte kokosnoot
- Honing om te besprenkelen

INSTRUCTIES:
a) Verdeel de sushirijst over een norivel.
b) Voeg gesneden mango toe langs het midden.
c) Strooi de gezoete geraspte kokosnoot erover.
d) Druppel honing over de vulling.
e) Rol het in een kegelvorm en serveer.

SASHIMI

91. Meloen Sashimi

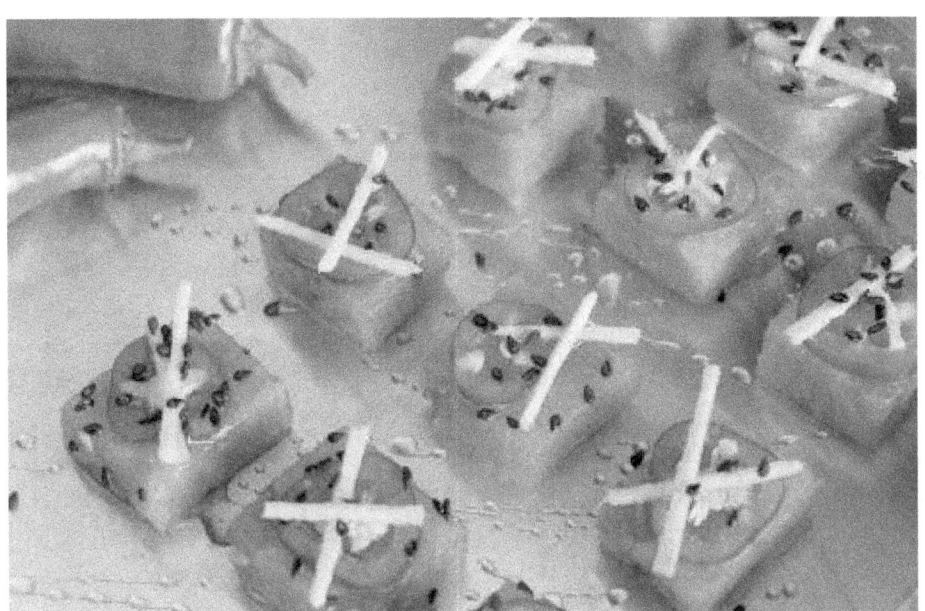

INGREDIËNTEN:
- ½ pond diverse meloen, in blokjes
- ½ kopje sake
- ½ theelepel wasabipoeder
- 4 eetlepels gezoete sojasiroop
- 1 kopje daikonspruiten
- Zeezout naar smaak

INSTRUCTIES:
a) Doe de meloenblokjes in een kleine kom.
b) Klop de sake en het wasabipoeder samen in een andere kom.
c) Giet het mengsel over de meloenblokjes en laat de meloenen 10 minuten weken.
d) Giet het vocht uit de meloenen.
e) Om de sashimi te serveren, verzamel je 4 kleine serveerschaaltjes.
f) Dompel een klein kwastje in de gezoete sojasiroop en veeg een strijkje saus over elke serveerschaal.
g) Verdeel de meloenblokjes in 4 porties en verdeel meerdere meloenblokjes over de Gezoete Sojasiroop.
h) Beleg de meloenblokjes met de daikonspruiten.
i) Strooi zeezout over elk bord.

92.Heirloom-tomatensashimi

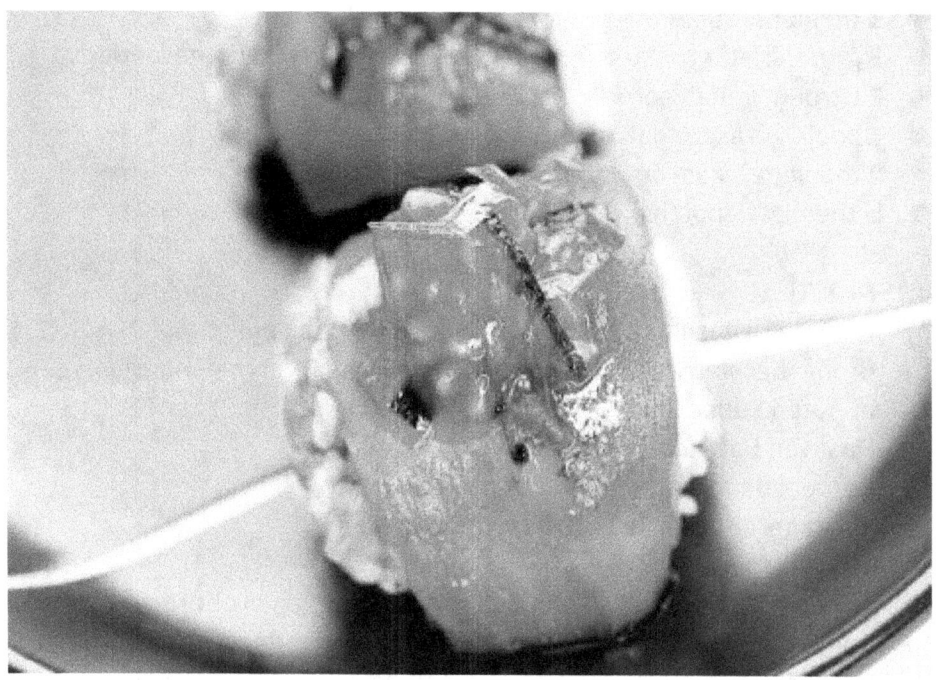

INGREDIËNTEN:
- 4 eetlepels rijstazijn
- 1 theelepel suiker
- 3 grote erfstuktomaten, zonder klokhuis en in plakjes gesneden
- 1 citroen, gehalveerd
- 1 kopje geraspte daikon, optioneel
- 2 theelepels zeezout
- ¼ theelepel matcha

INSTRUCTIES:
a) Roer de rijstazijn en suiker door elkaar in een kleine pot.
b) Breng het bijna aan de kook en laat het vervolgens ongeveer 2 minuten sudderen.
c) Haal van het vuur en laat volledig afkoelen.
d) Verdeel de tomaten over 2 serveerborden.
e) Spritz gereduceerde azijn over de tomaten.
f) Leg 1 citroenhelft op de zijkant van elk bord.
g) Leg de helft van de daikon op de bovenkant van elk bord.
h) Combineer het zeezout en het groene theepoeder.
i) Verdeel het over twee kleine schaaltjes. Om ervan te genieten, knijp je de citroen over de tomaten.
j) Bestrooi naar smaak met zout met groene theesmaak.

93.Carpaccio van Sint-Jacobsschelpen

INGREDIËNTEN:
- 1 kleine aardappel, geschild
- Olie om te frituren
- 1 theelepel zout
- 1 theelepel furikake
- 8 grote, verse zeeschelpen, gepeld
- 2 mandarijnen, geschild, merg verwijderd en in partjes gesneden
- 4 theelepels gehakte groene ui, alleen groene delen
- 4 eetlepels ongezouten boter, gesmolten en warm gehouden
- 4 eetlepels Ponzusaus

INSTRUCTIES:
a) Doe de gesneden sjalotjes in een kleine kom en bestrooi met 1/2 theelepel zout.
b) Voeg de azijn toe en meng voorzichtig, terwijl de sjalotjes onder water blijven. Laat 30 minuten bij kamertemperatuur staan.
c) Snijd elke Sint-jakobsschelp kruislings in zeer dunne plakjes.
d) Verdeel de plakjes over zes gekoelde borden en leg ze plat in een cirkelvormig patroon.
e) Verdeel de gehalveerde kerstomaatjes over elk bord. Bestrooi de sint-jakobsschelpen en tomaten met zout, een beetje peperoncino, een paar kappertjes en wat ingelegde sjalot.
f) Garneer met gescheurde of gesneden basilicumblaadjes en enkele kleine basilicumblaadjes.
g) Serveer met een scheutje limoensap en een scheutje olijfolie.

94. Zoete garnalensashimi

INGREDIËNTEN:
- 1 kopje garnalen, koppen intact
- ½ kopje aardappelzetmeel of maïszetmeel
- ½ theelepel rode peperpoeder
- Olie om te frituren
- 1 theelepel zout
- 1 eetlepel donkere sesamolie
- 1 eetlepel vers limoensap
- 1 eetlepel sojasaus
- 4 theelepels zwarte vliegende viskuit
- 4 groene uien, alleen groene delen
- 4 kwarteleitjes
- 2 theelepels wasabipasta

INSTRUCTIES:
a) Doe de zalm, het krabvlees en de witte tonijn in aparte, kleine, niet-metalen kommen. Roer de zoete ui, groene uien, sojasaus, sesamolie, verse gemberwortel en ogo door elkaar in een middelgrote kom.
b) Verdeel het mengsel over de 3 kommen met zeevruchten.
c) Voeg voor de zalmpoké een snufje zeezout en 1 theelepel geroosterd sesamzaad toe. Roer voor de krabpoké de in blokjes gesneden tomaat door het mengsel. Roer voor de witte tonijnpoké de 2 theelepels macadamianoten door de kom.
d) Dek elke poké af en zet hem minimaal 1 uur in de koelkast. Serveer elke poké gekoeld met rijstcrackers indien gewenst.

95. Heilbot met citroen en matchazout

INGREDIËNTEN:
- 8 ons verse heilbot, in een hoek gesneden in verschillende plakjes
- 1 citroen
- 3 theelepels grof zeezout
- ½ theelepel Matcha

INSTRUCTIES:
a) Schik de plakjes heilbot op een serveerschaal.
b) Snijd de citroen kruislings doormidden en snij de uiteinden voldoende weg, zodat de citroenhelften plat liggen. Stapel de citroenhelften op elkaar en leg ze op de serveerschaal.
c) Meng het zeezout en het groene theepoeder in een schaaltje.
d) Doe het groene theezout in een bergje op de serveerschaal.
e) Knijp de citroenhelften uit over de heilbot.
f) Strooi naar smaak het groene theezout over de stukjes.

96.Tataki-schotel met rundvlees

INGREDIËNTEN:
- 450 g haasbiefstuk, in het midden gesneden
- 1 eetlepel sesamolie
- Versgemalen zwarte peper

VOOR DE MARINADE:
- 3 eetlepels lichte sojasaus
- Grond zwarte peper
- 2 eetlepels Japanse mirin
- 2 lente-uitjes, in dunne plakjes gesneden
- 1 groot teentje knoflook, gepeld en fijngehakt
- 1 stuk verse gemberwortel, geschild en fijngehakt
- Micro-saladeblaadjes, om te garneren

VOOR DE KLEDING IN PONZU-STIJL:
- 2 eetlepels citroensap
- 4 eetlepels rijstwijnazijn
- 4 eetlepels mirin
- 4 eetlepels lichte sojasaus
- 1 eetlepel sesamolie

VOOR DE GROENTEN
- 1 kleine mooli, geschild en in kleine reepjes gesneden
- 1 grote wortel, geschild en in kleine reepjes of luciferstokjes gesneden
- 1 komkommer, ontpit en in kleine reepjes of luciferstokjes gesneden

INSTRUCTIES:
a) Verhit een grote koekenpan met antiaanbaklaag tot hij heet is.
b) Doe het rundvlees in een grote kom, voeg de olie toe, breng op smaak met peper en roer het door elkaar.
c) Om het rundvlees rondom bruin te schroeien in de pan.
d) Breng over naar een groot bord om af te koelen.
e) ingrediënten in een grote plastic voedselzak .
f) Voeg het rundvlees toe, sluit af en zet het maximaal 4 uur in de koelkast, of een hele nacht, als de tijd het toelaat.
g) In een kleine kom de ingrediënten voor de dressing door elkaar kloppen . Dek af en zet opzij. Meng de groenten in een middelgrote kom.
h) Snijd het rundvlees in dunne plakjes over de korrel. Leg de plakjes op een grote schaal en besprenkel met de helft van de ponzu-achtige dressing.
i) Strooi er lichtjes de microblaadjes over en besprenkel met nog meer dressing.
j) Schep de overgebleven groenten op een lepel en serveer bij het rundvlees.

97.Tonijnsashimi met Jalapeno Grens

INGREDIËNTEN:
JALAPEÑO GRENS
- 1 kopje water
- ⅔ kopje suiker
- 1 jalapeño chilipeper, in stukjes gesneden
- 1 theelepel gehakte verse gemberwortel
- 2 grote shisobladeren
- 12 ons blok verse witte tonijn of geelvintonijn
- 1 citroen, in zeer dunne plakjes gesneden

INSTRUCTIES:
a) Om de grens te bereiden, breng je het water in een kleine pan aan de kook. Voeg de suiker toe en roer tot deze net is opgelost.
b) Laat het mengsel iets afkoelen voordat je het in een blender giet.
c) Voeg de jalapeñostukjes toe aan de blender.
d) Voeg de gemberwortel en 2 shisoblaadjes toe. Meng tot het mengsel schuimig is.
e) Zeef door een fijnmazige zeef en gooi de vaste stoffen weg als je klaar bent. Giet de vloeistof in een ondiepe, metalen pan en zet deze in de vriezer tot hij stevig is.
f) Schroei de buitenkant van de witte tonijn dicht met een kookbrander of in een koekenpan op matig hoog vuur.
g) Snij de tonijn in plakjes.
h) Haal de Jalapeño Grens uit de vriezer om te serveren. Gebruik een vork om de bevroren massa los te schrapen of los te maken. Schep enkele eetlepels grens in een martiniglas.
i) Verdeel 4 plakjes geschroeide tonijn over de grens en plaats een schijfje citroen in het midden.

98.Tartaar van tonijn en avocado

INGREDIËNTEN:
- 8 ons verse Ahi tonijn, gehakt
- 2 theelepels gehakte groene uien, alleen groene delen
- ½ theelepel donkere sesamolie
- 4 eetlepels Ponzusaus
- 1 grote citroenwig
- ½ avocado, geschild, zonder zaadjes en in kleine blokjes gesneden
- Snufje zout
- 1 groot shisoblad, in dunne reepjes gesneden
- ½ Engelse komkommer, in plakjes gesneden

INSTRUCTIES:
a) Doe de tonijn in een kleine, niet-metalen kom.
b) Voeg de groene uien, donkere sesamolie en Ponzu-saus toe. Meng de ingrediënten goed. Knijp in een andere kleine kom het schijfje citroen uit over de avocadoblokjes. Voeg een snufje zout en de gesneden shiso toe. Goed roeren.
c) Plaats een vierkante vorm op de serveerschaal.
d) Druk ½ van het tonijnmengsel in de vorm, gevolgd door ½ van het avocadomengsel.
e) Serveer de tartaar met de plakjes komkommer.

99. Sashimi van avocado en mangozalm

INGREDIËNTEN:
- Verse zalm, sushi-kwaliteit
- Rijpe mango, in plakjes gesneden
- Avocado, gesneden
- Ponzu-saus
- Microgreens voor garnering

INSTRUCTIES:
a) Snij de zalm in dunne plakjes en schik op een bord.
b) Wissel plakjes mango en avocado af tussen de zalm.
c) Besprenkel met ponzu-saus.
d) Garneer met microgreens voor de frisheid.

100.Truffel Geelstaart Sashimi

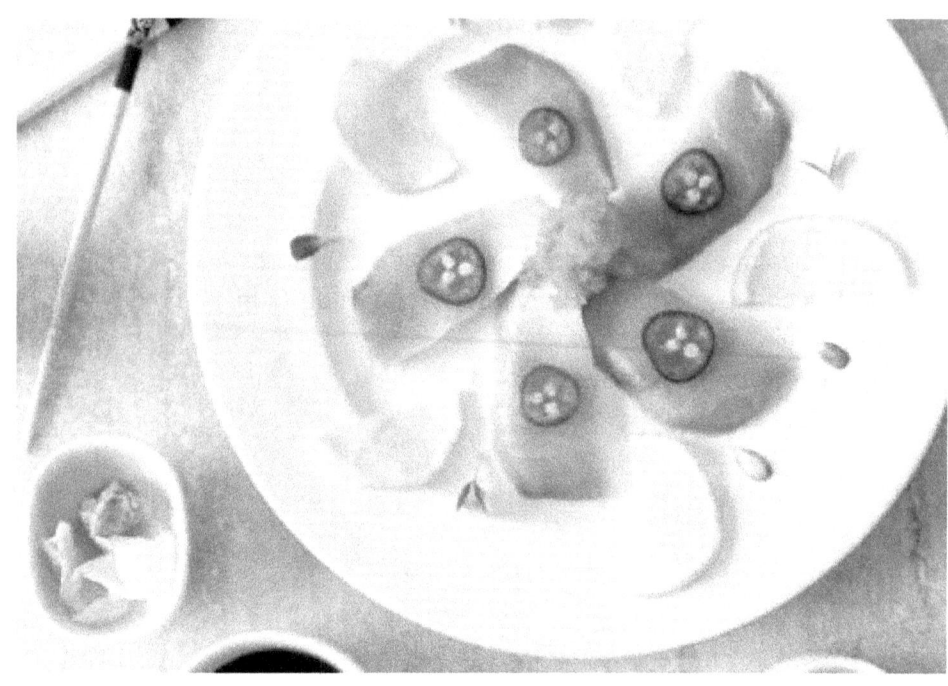

INGREDIËNTEN:
- Geelstaart , sushi-kwaliteit
- Truffelolie
- Zeezout
- Bieslook, gehakt
- Citroenschil

INSTRUCTIES:
a) Snijd de geelstaart in dunne plakjes en schik op een serveerschaal.
b) Druppel truffelolie over de vis.
c) Strooi een snufje zeezout.
d) Garneer met gehakte bieslook en citroenschil.

CONCLUSIE

Nu we onze reis door het 'Hedendaags Sushi Meesterschap Handboek' afsluiten, hoop ik dat je culinaire inspanningen zijn getransformeerd in een symfonie van smaken, creativiteit en het plezier van het beheersen van de kunst van hedendaagse sushi. Dit handboek is meer dan een verzameling recepten; het is een viering van de dynamische en steeds evoluerende wereld van het maken van sushi.

Bedankt dat je met mij meedoet aan deze verkenning van smaken, technieken en de hedendaagse wendingen die traditionele sushi nieuw leven inblazen. Mogen de vaardigheden die u heeft verworven en de recepten die u beheerst een onderdeel worden van uw culinaire repertoire, waardoor uw maaltijden worden verrijkt met de geest van innovatie.

Terwijl u geniet van de laatste hapjes van uw zorgvuldig vervaardigde sushi, mogen deze een herinnering zijn aan de opwindende reis die u heeft ondernomen naar de wereld van het hedendaagse sushi-meesterschap. Hier is hoe je je sushi-spel naar een hoger niveau kunt tillen, rol voor rol. Veel plezier met rollenen en genieten!

www.ingramcontent.com/pod-product-compliance
Lightning Source LLC
Chambersburg PA
CBHW071327110526
44591CB00010B/1051